GISELA PREUSCHOFF

ÉLEVER UNE FILLE

Préface de STEVE BIDDULPH

•MARABOUT•

Première publication en Australie et en Nouvelle-Zélande en 2004 par Finch Publishing Pty Limited, PO Box 120, Lane Cove, NSW 1595, Australie sous le titre *Raising girls*.
Publication originale en allemand, sous le titre *Mädchen* chez Beustverlag en 2003.

© **Gisela Preuschoff** 2004. Gisela Preuschoff affirme son droit moral à être identifiée comme l'auteur de cette œuvre, conformément au Copyrights, Design et Patents 1998.
© **Marabout** (Hachette Livre) 2006 pour la traduction française.
Traduction française : Tina Calogirou.
Avec la collaboration d'Isabelle de Jaham.

Toute reproduction d'un extrait quelconque de ce livre par quelque procédé que ce soit, et notamment par photocopie ou microfilm, est interdite sans autorisation écrite de l'éditeur

SOMMAIRE

Préface de STEVE BIDDULPH 7
Introduction 15

Chapitre 1
Pourquoi les filles sont différentes 23
Chapitre 2
Tisser un lien avec la petite fille qui vient de naître ...
.... 43
Chapitre 3
Ses premières années 65
Chapitre 4
Son univers émotionnel 89
Chapitre 5
Comment la société conditionne les filles 119
Chapitre 6
L'école et l'enseignement 141
Chapitre 7
Devenir une jeune femme 155
Chapitre 8
Les relations au sein de la famille 195

Conclusion 227
Notes de l'auteur 231
Bibliographie 235
Index 239

Préface

Je m'en souviens parfaitement. Pourtant c'est un souvenir difficile : je suis dans la salle d'opération, où ma femme va subir une césarienne pour donner naissance à notre deuxième enfant. Je suis terriblement inquiet pour la santé de ma femme et pour cette vie nouvelle qui va émerger des champs opératoires verts. Et, surtout, je suis terrorisé par mon impuissance à faire quoi que ce soit. Et puis une voix m'annonce la nouvelle : « C'est une petite fille ! »

Et là, les larmes jaillissent. Des larmes de soulagement, mais aussi des larmes de joie, qui me prennent totalement par surprise. Notre fils a déjà sept ans. Et nous attendions ce nouveau bébé depuis longtemps. Pourtant, si l'on m'avait demandé, quelques heures plus tôt, si je désirais un garçon ou une fille, j'aurais répondu le sempiternel : « Peu importe ! Tant que le bébé est en bonne santé. »

Mais alors, pourquoi suis-je fou de joie ? Que m'étais-je caché jusque-là ? Être le père d'une petite fille me paraît merveilleux. Être le père d'un petit garçon aussi est merveilleux, mais d'une manière différente. Je passerai sans doute le reste de mon existence à m'interroger sur ce mystère. Mais à ma plus grande joie, car je sais que cette enfant, qui deviendra une femme et restera toujours, quoi qu'il arrive, ma fille, est un don de la vie.

Avoir une fille, pour un père, est quelque chose de fort. C'est aussi vrai pour une mère, bien sûr, mais pour des raisons assez différentes. Rares sont les moments où nous ressentons le bonheur d'être parent avec autant d'intensité qu'à la naissance de nos enfants. Nous sommes alors partagés, totalement heureux et ravis, mais aussi complètement terrorisés à l'idée de commettre des erreurs et de ne pas être à la hauteur de notre tâche.

En quête de soutien, nous nous tournons vers tout ce que notre culture sait produire – livres, débats, idées – pour élargir nos horizons et profiter de l'expérience d'autrui. Car nous ne vivons plus à côté de nos parents et grands-parents, et les valeurs de notre société individualiste et citadine sont très éloignées de l'esprit d'entraide qui liait jadis les habitants d'un même village. En revanche, nous vivons dans une société qui s'interroge, qui met au jour des débats et qui nous donne accès à des idées venues de tous les horizons de la planète. Libre à nous de les digérer, de les assimiler ou de les rejeter.

Parents de filles, cet ouvrage nous interpelle au plus profond de nous, parce que les difficultés que nous continuons à rencontrer avec nos filles puisent en grande partie leurs racines au plus profond de notre expérience personnelle et de notre enfance. La plupart d'entre nous ont connu une enfance difficile. Nous avons grandi dans des familles où des pères distants ne nous ont pas appris à être pères, et où les difficultés de la vie conjugale se soldaient souvent par un divorce. Nos chambres d'enfants, désordonnées, regorgeaient de jouets, et la télévision accompagnait en bruit de fond les conversations familiales. Nous sommes devenus adultes sur une planète où la guerre et la destruction semblaient l'emporter sur la paix.

Cet environnement nous a rendus méfiants, incapables de construire et de faire fonctionner des relations humaines fortes. Sur le plan spirituel, le constat n'est pas plus reluisant : les religions traditionnelles se sont effondrées, cédant la place à une société matérialiste basée sur l'argent et le plaisir. Souvent, nous ne possédons pas nous-mêmes ce que nous désirons offrir à nos filles. Toutefois, nous poursuivons notre quête. La petite fille que nous tenons dans nos bras, avec sa peau douce, ses yeux vifs et son intelligence qui ne demande qu'à se développer, nous interpelle puissamment et nous incite à nous surpasser.

Élever une fille a été écrit par une femme qui s'interroge et contient de nombreux éléments qui nourriront votre réflexion. Loin de vous assener des formules toutes faites, des listes, des énumérations et des conseils à l'emporte-pièce, Gisela Preuschoff vous invite à une réflexion plus profonde, faisant remonter à la surface des choses enfouies au plus profond de vous – convictions, passions, souvenirs oubliés. Tous ces éléments sont susceptibles de vous aider et de vous inciter à devenir un être humain plus éveillé et plus vivant, plutôt qu'un parent dont le rôle se réduit à assurer les repas et les transports scolaires de ses enfants, et à vérifier le contenu des cartables avant d'entamer une nouvelle journée de marathon. Nos enfants se souviendront des moments de proximité, de sincérité et de paix que nous parviendrons à partager avec eux au milieu du tumulte de la vie. Ces parcelles de vie les rendront plus forts et dessinent un lieu où l'amour pourra s'épanouir, à l'écart des stress et des sollicitations de nos sociétés de consommation.

N'oublions pas que des progrès considérables ont été accomplis pour les filles. J'ai pris conscience de cette évolution il y a quelques années en regardant avec un amusement mêlé de consternation une vidéo achetée dans un vide-grenier.

On y voit un animateur qui fait monter des enfants du public sur scène et qui leur demande ce qu'ils veulent faire plus tard. Un petit garçon répond qu'il veut être footballeur, une petite fille dactylo, un autre garçon médecin, une autre fillette infirmière. Attention ! Cette vidéo est extrêmement moderne pour l'époque : les petites filles ont l'intention de travailler ! Mais elle montre cruellement que la culture du XXe siècle a enfermé les filles dans des rôles stéréotypés tout comme elle a contraint les garçons à devenir de valeureux soldats, des pères distants, des tyrans domestiques, des esclaves frustrés, condamnés à travailler pour faire vivre femme et enfants.

Une révolution s'est produite. Désormais, les filles peuvent faire ce qui leur plaît, du moins en théorie. Dans les faits, les choses ne sont pas toujours aussi simples. L'empire a contre-attaqué, et les forces obscures de la société de consommation et de la recherche du profit se sont engouffrées dans le vide laissé par l'effondrement des anciennes valeurs, donnant naissance à une nouvelle forme d'esclavage pour les filles : la dictature de l'apparence et de la multiplication des rôles. Aujourd'hui, les femmes doivent être minces, elles doivent avoir des seins généreux (même s'il faut, pour cela, entailler leur chair pour y glisser des prothèses de silicone), elles doivent travailler toute leur vie, même si elles souhaitent ralentir le rythme pour passer du temps avec leurs enfants, déployer leur créativité, ou avoir du temps pour elles. Aujourd'hui, les femmes doivent réussir sur tous les fronts.

Certes, des progrès ont été accomplis pour les filles, mais comme le souligne cet excellent ouvrage, il reste encore beaucoup de chemin à parcourir. Quelques évolutions nouvelles se dessinent, prometteuses et porteuses de changements radicaux, tout comme l'étaient les changements des années 1960.

Voyons ensemble ce que nous avons appris au sujet des enfants, et en particulier des filles.

• La première année de l'existence du bébé paraît calme. En réalité, c'est une période de croissance extrêmement rapide pour le cerveau, au cours de laquelle toutes les facultés importantes se mettent en place dans la tête et le cœur du bébé. L'aptitude à aimer, à se sentir en sécurité, à être détendu, à entretenir avec d'autres des relations d'empathie et de confiance se joue durant la première année. Cela explique pourquoi vous ne devez pas brûler les étapes ni traiter votre bébé comme un petit animal qu'il faut nourrir, laver et empêcher de pleurer.

• Le monde dans lequel nous vivons est extrêmement « toxique » pour les jeunes enfants, qu'il s'agisse des messages véhiculés par les médias ou des aliments industriels trônant sur les rayons des supermarchés. Nous devons choisir avec une grande prudence ce que nous laissons pénétrer dans l'organisme et dans la tête de notre enfant.

• Nous, parents, sommes les héritiers de notre famille et transmettons, souvent à notre insu, les névroses familiales. Loin de moi l'idée de vous faire peur, mais souvenez-vous simplement que la moitié de ce que nous transmettons à nos enfants est ce que nous sommes. Nous avons souvent besoin d'une « rééducation » pour ne pas trop charger le devenir de nos enfants.

Qu'avons-nous appris d'autre ?

• Le père du XXe siècle, cet homme distant qui subvenait aux besoins de la famille, cet étranger, parfois blagueur, parfois sinistre, a fait des dégâts considérables. Aujourd'hui, nous savons que le père joue un rôle déterminant dans la construction de la confiance en soi et de l'estime de soi des filles. Ce rôle délicat exige de faire preuve d'affection sans intrusion, de gaieté assortie de fermeté mais aussi d'attention, tout en accordant à l'enfant de plus en plus de confiance et de liberté. Les études réalisées dans les domaines les plus divers, de l'anorexie aux choix de carrière, en passant par la sécurité sexuelle et les opportunités d'études, ont montré que la présence d'un père aimant, impliqué dans l'éducation de sa fille, est fondamentale pour assurer le bon développement de celle-ci.

• Le combat pour l'égalité des sexes a causé beaucoup de torts : l'égalité entre hommes et femmes ne signifie pas qu'ils sont identiques. Les garçons et les filles grandissent différemment. On ne peut nier ces différences et les traiter de la même manière en escomptant qu'ils se développent harmonieusement. Au moment des études secondaires (et de l'adolescence), les raisons de séparer les garçons des filles sont nombreuses. Des classes non mixtes mettent les adolescents à l'abri des pressions exercées par le sexe opposé, pressions qui renforcent leur vulnérabilité. Ainsi, ils sont libres d'apprendre et d'explorer leurs nouvelles identités fragiles, sans tomber dans les comportements défensifs stéréotypés, consistant à être macho ou sexy, mignonne ou effarouchée, agressif ou intelligent.

Peut-être votre fille vient-elle de naître. Peut-être apprend-elle à marcher ou s'apprête-t-elle à rentrer à la grande école. À moins qu'il ne s'agisse d'une adolescente vulnérable, dont l'identité et l'individualité se construisent. Il se peut aussi qu'elle soit une jeune femme, qui fréquente des hommes, qui progresse sur le chemin de la vie et qui a de moins en moins besoin de vous, du moins en apparence. Votre petite fille est peut-être déjà elle-même devenue mère et s'est tournée vers vous avec une conscience nouvelle du lien qui vous unit. On ne cesse jamais d'être parent.

Plus vous croquerez la vie à pleines dents en vivant votre existence les yeux grands ouverts, en réfléchissant et en vivant pleinement vos sentiments – au lieu de foncer à sa surface, en l'effleurant à peine, tel un insecte sur une mare –, plus vous aurez de choses à offrir à votre fille, et plus vous aurez de matière à sourire, à mesure que les saisons se succéderont dans vos deux vies.

STEVE BIDDULPH

INTRODUCTION

Avec cet ouvrage, j'aimerais vous inciter à la réflexion. Qu'y a-t-il de si spécial dans le fait d'avoir une fille ? Quel genre de femme aimeriez-vous que votre fille devienne ? L'anecdote suivante illustre bien l'importance de ces questions. Dans le cadre d'une étude, des bébés, garçons et filles, ont été habillés avec des pyjamas rose et bleu ciel, sans tenir compte de leur sexe. On a ensuite demandé à un groupe de pères de décrire ces nourrissons. Il est apparu très nettement qu'ils avaient d'emblée une vision différente des enfants, selon qu'ils étaient en rose ou en bleu. Les bébés en rose étaient qualifiés de fragiles, jolis, mignons et adorables, alors que les bébés en bleu ciel étaient décrits comme étant en bonne santé, robustes, costauds et attentifs. Je rappelle que plusieurs petites filles se trouvaient parmi les bébés bleus, et *vice versa*.

Il est évident que nous ne nous comportons pas de la même manière avec un bébé garçon et un bébé fille. Cela est normal, puisqu'il y a, évidemment, des différences entre les garçons et les filles. Celles-ci sont d'abord biologiques, mais elles reposent également sur les influences et sur les attentes de la société dans laquelle nous vivons. À toutes les époques et dans toutes les sociétés, il a toujours existé quelque chose de l'ordre de la culture de la femme, ou de la féminité.

Nous pouvons y résister, mais jamais totalement y échapper.

Nous devons d'abord prendre conscience des images et des conceptions de la féminité qui nous viennent d'une part de notre vécu personnel, d'autre part de la société dans laquelle nous vivons, afin d'être en mesure de les examiner d'un œil critique pour les remettre en question. Nous choisirons ensuite, en connaissance de cause, d'emprunter de nouvelles voies ou, au contraire, de revenir aux modèles du passé.

Que souhaitez-vous pour votre fille ? À quel âge deviendra-t-elle une petite fille ? Quel âge, en mois ou en années, aura-t-elle lorsqu'elle portera son premier collier ? Et quand aura-t-elle les oreilles percées ? Certains parents ont des idées bien tranchées sur ces questions, et rien ni personne ne les fera changer d'avis.

D'autres n'y ont encore jamais réfléchi, mais ils ont sûrement des préférences ou un avis, inconscient, sur toutes ces questions.

Quoi qu'il en soit, une chose doit être claire, d'emblée : les enfants ne sont pas des êtres que nous pouvons modeler comme bon nous semble. Ils ne nous appartiennent pas et viennent au monde avec leur personnalité et leur voie à suivre. Nous, les parents, avons la chance de pouvoir accomplir un petit bout de chemin avec eux. Mais pour réussir cette mission difficile, il est important de bien comprendre en quoi consiste notre rôle de père ou de mère.

À mes yeux, chaque enfant est un don merveilleux et unique. Si tous les individus sont différents, il existe aussi des différences patentes entre les deux sexes. Parlons des compétences biologiques ; les femmes, par exemple, ont une meilleure ouïe que les hommes et distinguent mieux les sons aigus – les fréquences utilisées par les bébés quand ils pleurent. À l'âge d'une semaine seulement, les petites filles parviennent à distinguer parmi d'autres bruits la voix de leur mère et les pleurs d'un autre bébé situé dans la même pièce. Les petits garçons n'ont pas cette faculté[1]. Par ailleurs, les femmes perçoivent mieux les détails visuels, une compétence capitale dans l'environnement d'un jeune enfant.

Récemment, des travaux de recherche ont révélé des différences importantes entre les filles et les garçons, entre les femmes et les hommes. Mais il reste difficile de savoir si ces différences sont innées ou acquises.

Je pense que les parents d'une fille doivent s'intéresser de près à leur image des filles en général. Ils doivent se poser la question suivante : « Qu'est-ce que cela signifie pour moi que mon enfant soit une fille ? »

Ce questionnement est essentiel, car il peut aider les parents à ne pas faire peser sur l'enfant et sur sa vie future des attentes cachées, en pensant par exemple : « Je ne veux surtout pas qu'elle devienne comme ma mère »; ou : « Elle ne sera pas aussi gâtée que ma sœur »; ou encore : « Je veux qu'elle sache s'imposer. » Les parents qui ont conscience des images qu'ils portent en eux pourront choisir de s'y conformer ou au contraire de s'en détacher. Plus tard, leur fille aura le choix de se rebeller contre ces attentes ou d'assumer consciemment le rôle que ses parents lui ont attribué.

Apprendre que l'on va être le parent d'un petit garçon ou d'une petite fille n'est pas anodin, même si la priorité des parents est bien évidemment d'avoir un bébé en bonne santé. Les questions déterminantes que nous devons nous poser sont les suivantes : « Qu'est-ce que le sexe de notre enfant nous évoque ? Et comment allons-nous gérer cette question ? »

À travers le monde, le sexe de l'enfant à naître continue à jouer un rôle déterminant dans la planification familiale.

• Des études réalisées en Europe ont révélé que la majorité des couples préfèrent que leur premier enfant soit une fille ; peut-être parce qu'ils pensent qu'il est plus probable qu'une fille s'occupera d'eux quand ils seront âgés.

• En Chine, la politique de l'enfant unique pousse la plupart des couples à préférer un garçon. Les filles ne sont pas désirées, et beaucoup de femmes qui attendent une petite fille choisissent d'avorter.

Quelle est votre image des petites filles ? Vous attendiez-vous à avoir une fille ? Si oui, pourquoi ? Sinon, qu'avez-vous ressenti lorsque cette petite fille est arrivée dans votre vie ? Ces questions essentielles ont un impact considérable sur la manière dont vous voyez votre rôle, en tant que père ou mère d'une fille. Répondez-y, puis confrontez vos réponses à celles de votre conjoint et d'amis proches. Répondre à ces questions est important car cela nous fait prendre conscience de nos projections. Souvent, nous projetons sur d'autres personnes nos convictions, nos attitudes et nos attentes personnelles, ce qui nous induit en erreur. En prenant conscience de vos projections, vous aurez moins tendance à les faire peser sur d'autres personnes, y compris sur votre fille.

Si cet exercice vous semble intéressant, répondez aux questions de l'encadré suivant afin d'amorcer une réflexion en profondeur.

> **CONSCIENCE DE SOI : QUESTIONNAIRE POUR LES PARENTS**
>
> Je vous propose quelques pistes de réflexion. Ces questions concernent l'enfant que vous étiez et le parent que vous êtes. Quelques-unes ont trait à votre fille. Vous pouvez vous contenter d'y réfléchir ou bien consigner vos réponses par écrit, afin de pouvoir vous y reporter plus tard (ce que je vous conseille). Si vous désirez noter vos réponses, choisissez un endroit et un moment où vous ne serez pas dérangé. Il est préférable que vous et votre conjoint répondiez tous deux à ces questions. Une fois que vous aurez répondu à tous les points et que vous aurez défini un profil relativement clair de ce que vous êtes et de votre propre enfance, parlez-en avec votre fille. Il y a fort à parier que cette conversation restera longtemps dans vos mémoires.
>
> **HIER**
> Quand vous étiez un petit garçon/une petite fille, à quoi ressembliez-vous ?
> Quels étaient vos vêtements préférés ?
> Quels jouets aviez-vous ? À quels jeux aimiez-vous jouer ?
> Quelle était votre personnalité lorsque vous étiez enfant ?
> Qu'est-ce qui vous plaisait dans le fait d'être une fille/un garçon ?
> Qu'est-ce qui vous semblait difficile dans le fait d'être une fille/un garçon ? ▶

> Qu'est-ce que vous n'aviez pas le droit de faire parce que vous étiez une fille/un garçon ?
> Quels étaient vos devoirs et vos tâches à accomplir à la maison ?
> Qui étaient vos modèles ?
> Quel était votre rêve ?
> Quelles étaient les situations que vous imaginiez souvent ?
> Quelles sont les remarques insultantes qui vous ont été adressées, dont vous vous souvenez encore ?
> Quelles situations vous rendaient triste ?
> Quelles situations trouviez-vous passionnantes ou exaltantes ?
>
> **AUJOURD'HUI**
> Dans quelles situations vous comportez-vous typiquement comme une femme/un homme ?
> Quelles sont les qualités des filles qui vous plaisent particulièrement ?
> Quelles sont les qualités des garçons qui vous plaisent particulièrement ?
> Quelles sont les qualités de votre fille qui vous plaisent particulièrement ?
> Que souhaitez-vous pour votre fille ?
> Quels sont les aspects de sa vie qui vous rendent heureux ?

J'espère qu'*Élever une fille* vous fournira des conseils concrets sur la manière d'aborder l'éducation de votre fille. Pour écrire ce livre, je me suis appuyée sur mon expérience personnelle avec ma propre fille, sur des études scientifiques et sur l'expérience de parents que j'ai rencontrés dans le cadre de mes travaux de recherche et de mes consultations de psychologie. La petite fille que j'ai été et toutes les filles et les femmes que j'ai rencontrées au cours de ma vie ont également nourri ma réflexion.

Les pères et les frères jouent un rôle déterminant dans l'éducation d'une fille. Les expériences qu'une fille a avec tous les membres de sexe masculin de sa famille l'accompagnent tout au long de son existence. Une femme ne peut se définir sans pendant masculin (l'inverse est vrai, bien évidemment), de la même manière qu'il n'y a pas de lumière sans obscurité, ni de bruit sans silence, ni de grands sans petits ! Il n'y a pas de fille sans père, même si celui-ci, quelle que soit la raison, vit loin d'elle ou n'a aucun contact avec elle.

Vous avez une fille – qui a sa personnalité propre – et c'est une chance qui doit être développée. J'aimerais vous accompagner sur ce chemin, mon objectif étant de souligner les risques qui existent et de les prévenir. Mais avant tout, j'aimerais favoriser une excellente coopération entre votre enfant et vous.

Par ailleurs, je souhaite également que ce livre soit pour vous l'occasion d'un voyage de découverte, au plus profond de vous-même, là où se trouvent vos racines et vos valeurs. Vous y découvrirez sans doute les perspectives que recèle pour vous, sur le plan personnel, la naissance d'une fille.

GISELA PREUSCHOFF

Chapitre 1

Pourquoi les filles sont différentes

Tous les parents s'inquiètent pour leurs enfants. Ils veulent faire de leur mieux et réussir sur tous les fronts, ou du moins éviter les erreurs grossières. De nos jours, la plupart des parents ont, à l'égard de leur fils et de leur fille, des attentes très comparables. Ils veulent que leur enfant soit fort, c'est-à-dire responsable sur le plan social, indépendant, intelligent, affectueux et capable de s'affirmer. Ils souhaitent aussi que leur enfant soit capable de faire face à toutes les tâches auxquelles il sera confronté au cours de son existence.

Chaque être est unique...

Bien avant la naissance du bébé, un film se déroule dans la tête des futurs parents : ils imaginent leur vie avec le bébé et dotent souvent ce dernier de caractéristiques et de qualités précises.

C'est parfaitement normal : d'abord, c'est amusant, et puis ces rêveries éveillées accroissent le bonheur d'attendre un enfant.

Une femme qui attendait une petite fille a écrit ces lignes dans son journal intime : « J'ai le sentiment que je pourrais ouvrir un tiroir pour en sortir une photo précise de cette petite personne, parfaitement formée, qui vit en moi. C'est comme si elle était déjà née, parce qu'elle existe dans mon imagination. Elle est belle, forte, vive et intelligente, et elle a confiance en elle[2]. » Le père de cette petite fille, quant à lui, a imaginé une adorable petite fille affectueuse, mignonne à croquer, à qui il pourrait faire des câlins en la serrant contre lui.

Parents, souvenez-vous que ces images nées dans votre imagination vont jouer un rôle, tout comme un grand nombre d'idées préconçues concernant les deux sexes. Or la plupart des enfants évoluent de manière assez différente de ce que leurs parents avaient imaginé. Les filles ne sont pas toujours calmes, affectueuses et sages, pas plus que les garçons ne sont tous agressifs, intelligents et turbulents. Chaque enfant est unique : il vient au monde avec sa personnalité propre, avant d'être façonné par son environnement.

Lorsqu'elles savent qu'elles attendent une petite fille, la plupart des mères s'identifient totalement à leur enfant, qu'elles voient comme une version miniature d'elles-mêmes. Elles se sentent souvent en symbiose avec ce bébé qu'elles portent en elles : « Nous sommes pareilles : nous appliquons notre volonté et nous nous intéressons aux mêmes choses. »

Le facteur biologique

Que nous apprend la biologie ? Au cours des premières semaines de grossesse, lorsque les femmes ne savent généralement pas qu'elles sont enceintes, les embryons masculins et féminins sont identiques : les organes sexuels sont encore indifférenciés. Seuls les chromosomes sexuels permettent de reconnaître le sexe de l'embryon (XY pour les garçons, XX pour les filles). L'ovule de la mère fournit le chromosome X tandis que le spermatozoïde du père porte soit un chromosome X, soit un chromosome Y. Si l'ovule est fécondé par un spermatozoïde X, le bébé sera une fille. S'il est fécondé par un spermatozoïde Y, ce sera un garçon. La plupart des gènes, 20 000 environ, se trouvent sur les chromosomes X. Les gènes reproducteurs, eux, se trouvent sur les chromosomes Y.

Les statistiques montrent que les garçons sont plus nombreux à être conçus, mais le nombre de fœtus masculins mort-nés ou mourant lors d'avortements spontanés est supérieur au nombre de fœtus féminins. Personne ne sait précisément pourquoi. Des hypothèses ont été avancées : les fœtus masculins seraient plus sensibles aux éléments nocifs de leur environnement, ou ils seraient perçus par le système immunitaire de la mère comme un élément étranger et seraient combattus à ce titre. Se pourrait-il que les idées de la mère ne soient pas totalement étrangères à ce processus ?

Au cours de la sixième semaine de grossesse, le chromosome Y commande la formation de gonades mâles. Le chromosome X de la petite fille, lui, n'induira le développement ovarien qu'à partir de la douzième semaine. Durant la grossesse, ovaires et gonades sécrètent des hormones sexuelles, qui interviennent dans la formation des caractéristiques physiologiques de l'individu et qui influent également sur son comportement à venir.

Les hormones sexuelles « mâles », comme la testostérone, sont appelées androgènes. Les hormones « femelles » sont l'œstrogène et la progestérone. Si j'ai mis ces adjectifs entre guillemets, c'est parce que toutes ces hormones sont à la fois présentes chez l'homme et chez la femme, mais en quantités différentes.

Ce phénomène biologique matérialise la notion de la part féminine existant en tout homme, et de part masculine présente en toute femme. Tout individu a en lui des caractéristiques féminines et masculines, indéniablement !

Lorsque l'embryon possède une certaine quantité d'androgènes, le pénis se développe, tandis que les organes sexuels féminins s'estompent avant de disparaître. Chez l'embryon de sexe féminin, un vagin, des trompes de Fallope et un utérus se forment, tandis que les organes sexuels masculins disparaissent. Les trompes de Fallope de l'embryon contiennent déjà 6 à 7 millions d'ovules. Au début de la puberté, ce nombre tombe à 400 000. Les garçons, quant à eux, ne commencent à produire des spermatozoïdes qu'à la puberté.

Entre les deux oreilles

Lorsque intervient la différenciation sexuelle, les cerveaux des embryons masculins et féminins commencent à se développer différemment. La différence la plus manifeste apparaît dans l'hypothalamus, le centre hormonal, ou « station-relais » du cerveau. C'est là que s'effectue la régulation de nombreuses fonctions : excitation sexuelle, faim, soif, sensation de chaud et de froid, réactions de combat ou de fuite. On y trouve également un groupe de cellules de la taille d'une tête d'épingle, le troisième noyau interstitiel de l'hypothalamus antérieur, qui pourrait régir le désir sexuel. Chez les jeunes enfants, ce groupe de cellules est de taille identique chez les garçons et les filles, mais il se met à grandir chez les garçons à l'âge de dix ans, et comporte au début de la puberté un nombre de cellules nerveuses deux fois et demi plus élevé que chez les filles.

Toutefois, la différence entre le cerveau de l'homme et celui de la femme ayant fait couler le plus d'encre concerne un ensemble de cellules nerveuses qui relie les deux hémisphères du cerveau.

Ce « pont », appelé corps calleux, est nettement plus développé chez la femme, ce qui peut expliquer des différences dans le processus de réflexion chez l'homme et chez la femme.

Les filles et les femmes utilisent simultanément les deux hémisphères du cerveau, alors que les hommes n'en utilisent qu'un à la fois.

Il a également été démontré que l'hémisphère gauche des filles arrive à maturité plus rapidement que celui des garçons. Or c'est à cet endroit que se situe le centre de la parole, ce qui explique que les petits garçons commencent généralement à parler plus tard que les filles. En revanche, l'hémisphère droit du cerveau, qui permet de résoudre les problèmes spatiaux et visuels, se développe plus tard chez les filles, ce qui explique qu'elles aient du mal à imaginer les objets dans différentes perspectives et à s'orienter dans l'espace.

DIFFÉRENTS DÈS LA NAISSANCE

La naissance des petits garçons dure en moyenne une heure et demie de plus que celle des petites filles, peut-être parce que leur poids est supérieur de 5 % à celui des filles. Le fait qu'une petite fille soit un nourrisson paisible peut s'expliquer par un accouchement sans problème et par l'absence d'expérience traumatisante à la naissance. En 1987, une étude réalisée en Finlande a démontré que la probabilité pour les petits garçons d'avoir de mauvais résultats au test d'Apgar était supérieure de 20 % à celle des filles. Ce test a été mis au point par Virginia Apgar, ▶

> un médecin américain, pour évaluer diverses fonctions vitales du nouveau-né : respiration, fréquence cardiaque, coloration de la peau, tonus et réflexes. Les naissances prématurées, les risques de troubles mentaux et d'infections, et la probabilité d'accidents sont nettement plus réduits chez les filles[3]. Les parents des petites filles ont de la chance car celles-ci sont plus résistantes et plus robustes que les garçons. Nous ne pouvons qu'émettre des hypothèses sur l'ensemble des éléments qui concourent à ce déséquilibre. Toutefois, nous savons que le cortisol (l'hormone du stress) et la testostérone, sécrétée par les garçons, accroissent la vulnérabilité du système immunitaire des bébés garçons.
>
> Les petites filles sont plus éveillées sur le plan social après leur naissance et maintiennent un contact visuel plus longtemps que les garçons : cela n'est peut-être pas étranger au fait qu'elles sont en meilleure santé. Par ailleurs, elles réagissent davantage aux bruits et aux autres personnes présentes dans la pièce, elles crient moins souvent et elles sont plus faciles à apaiser.

Durant la grossesse, l'organisme des petites filles a déjà trois semaines d'avance sur celui des garçons sur le plan du développement osseux. À la naissance, le développement général des filles est en avance de quatre à six semaines sur celui des garçons. Et à la puberté, la plupart des filles ont indéniablement au moins deux ans d'avance sur leurs camarades de classe de sexe masculin. Les différences entre les deux sexes se manifestent donc très tôt.

Les différences de développement et leurs conséquences

La peau de la femme est nettement moins épaisse que celle de l'homme et il semblerait que la femme ait davantage besoin d'être touchée. L'hormone qui suscite le besoin de contact est l'ocytocine[4]. Rien d'étonnant, donc, si les femmes, dont les récepteurs sont dix fois plus sensibles que ceux des hommes, trouvent si important de toucher et de prendre dans leurs bras leurs compagnons, leurs enfants et leurs proches.

Les parents parlent davantage aux bébés filles qu'aux bébés garçons, ce qui explique sans doute pourquoi les filles ont l'air d'écouter plus attentivement ce qu'on leur dit. Comme les petites filles maintiennent plus longtemps le contact visuel que les garçons, elles incitent leurs parents à leur consacrer davantage de temps, à leur sourire et à leur parler.

Très tôt, les bébés apprennent à distinguer les voix féminines des voix masculines. Ils savent reconnaître celles de leurs parents, qu'ils entendaient déjà dans le ventre de leur mère. À la naissance commence un processus de classification plus détaillé : par exemple, une voix grave est associée à des traits plus masculins et à une peau moins douce. Le bébé réunit des informations qui, des années plus tard, façonneront encore son image du « masculin » et du « féminin ».

À six mois, les petites filles sont déjà plus indépendantes que leurs petits camarades garçons. Elles arrivent à jouer toutes seules avec des jouets, et parviennent à se consoler avec leur pouce ou leur doudou.

La différence la plus marquée, durant les premiers mois, réside dans la maturation physique, beaucoup plus rapide chez les petites filles. Elles grandissent et prennent du poids beaucoup plus vite, et leurs canines poussent plus tôt que celles des garçons.

À sept mois, les filles parviennent à se rouler d'un côté à l'autre (souvent, elles savent même marcher à quatre pattes), et elles savent se servir d'une cuillère.

Ces différences comportementales persistent par la suite. À la maternelle, les capacités motrices fines des filles sont nettement meilleures que celles des garçons. Les filles commencent également à parler plus tôt que ces derniers, et se maîtrisent mieux (voir p. 74).

Les attentes et le comportement des parents

Les différences d'origine biologique très nettes entre les filles et les garçons peuvent être renforcées ou au contraire atténuées par le comportement des parents et par l'environnement de l'enfant.

Une mère, qui a tenu un journal pendant les trois premières années de la vie de sa fille (née au début des années 1980), y a noté les mots d'une de ses amies, en voyant sa fille qui venait de naître : « Katie va mener les hommes par le bout du nez. » La mère, quant à elle, a écrit : « pour avoir le droit d'exister dans ce monde d'hommes, une femme doit être belle ».

Cela reste-t-il vrai de nos jours ?

L'obligation d'être belle et de suivre la mode n'a jamais été aussi forte qu'aujourd'hui. Les filles qui ne sont pas « conformes » aux canons en vigueur en souffrent plus que les garçons. Je reviendrai là-dessus plus loin. On constate presque toujours que les parents des petites filles les habillent et les « pomponnent » avec soin, et que les adultes réagissent avec plaisir à la « prédisposition » naturelle des petites filles à s'embellir, pour la renforcer.

Des chercheuses ont constaté que les parents s'occupent plus tendrement de leurs petites filles que de leurs petits garçons, ce qui est peut-être lié à une idée reçue largement répandue selon laquelle les « hommes » doivent être endurcis ou ne sont pas aussi sensibles que les femmes. Comme nous l'avons vu précédemment, les hommes sont moins sensibles sur le plan physiologique[5]. Mais comment cette donnée biologique s'est-elle étendue à la sensibilité émotionnelle ?

> **C'EST UNE FILLE !**
> Incontestablement, les futurs parents passent beaucoup de temps à penser au sexe de leur enfant. En 1987, j'étais enceinte, et nous avions déjà trois garçons. « Si c'est encore un petit garçon, j'aimerais pouvoir me préparer à cette idée, ai-je pensé, et si c'est une petite fille, je ne peux nier que je serai folle de joie. »
> Pour cette raison, j'ai décidé de faire une amniocentèse – aujourd'hui, fort heureusement, une échographie suffit pour déterminer le sexe du bébé –, après avoir beaucoup réfléchi aux effets secondaires et aux implications de cette intervention. Allais-je décider d'avorter si l'enfant n'était pas en bonne santé ? Fort heureusement, je n'ai pas eu à répondre à cette question. En revanche, j'ai pris conscience du fait qu'au plus profond de moi, je choisirais de garder le bébé. ▶

> Finalement, j'ai donné naissance à une petite fille, en pleine forme ! Mais les médecins ne m'ont annoncé le sexe du bébé qu'une fois que l'IVG n'était plus possible. « Pour éviter tout avortement dû au fait que le bébé n'est pas du sexe souhaité », m'ont-ils expliqué.

Qui suis-je ? Une question cruciale

On oublie souvent combien la conscience que l'on a de soi est importante. Quel genre d'être humain suis-je ? Comment est-ce que je me comporte ? Quel est l'exemple que je donne à mon enfant ? (pour vous aider à répondre à ces questions, reportez-vous à l'encadré p. 19, Conscience de soi : questionnaire pour les parents). Mieux vous vous connaîtrez vous-même, mieux vous comprendrez vos angoisses, vos sentiments et vos désirs, et moins vous risquerez de contraindre votre enfant dans un moule ou de lui communiquer vos angoisses. Par conséquent, l'aspect le plus difficile de l'éducation d'un enfant, qu'il s'agisse d'une fille ou d'un garçon, réside dans le travail sur soi que l'on doit accomplir. Si vous avez une fille, vous devrez vous interroger sur la signification que représente pour vous l'éducation d'une fille, et sur la représentation que vous avez de la féminité. Vous devez faire preuve de la plus grande honnêteté. Les jeunes enfants perçoivent très vite tout manque de sincérité. Qu'est-ce que la notion de petite fille évoque pour vous ? Poupées Barbie, boucles blondes, poney-club, talons hauts, pulls roses et petites robes en coton ? Ou bien sagesse féminine, sorcières, grands-mères, présidentes, femmes astronautes ou femmes chauffeurs de taxi ? De nos jours, la féminité a mille et une facettes. Pour vous, que recouvre cette notion ?

Votre conception de la féminité

Du top-model célèbre aux quatre coins de la planète à la travailleuse humanitaire bénévole et anonyme, les aspects de la féminité présentés de nos jours aux filles sont innombrables. Qu'est-ce qui compte pour vous, personnellement ? En sachant quelles sont les formes de féminité que vous respectez, celles auxquelles vous vous conformez, et la tolérance dont vous faites preuve envers d'autres formes de féminité, vous pourrez plus facilement répondre à toutes les questions qui se poseront dans l'éducation de votre fille. Si vous en avez la possibilité, installez-vous avec le père de votre fille (ou avec sa mère, si vous êtes un homme), et établissez séparément une liste des qualités et des compétences que vous jugez positives pour une femme (si vous n'avez pas la possibilité de faire cet exercice avec l'autre parent de votre enfant, faites-le avec un ou une ami(e) dont vous appréciez les idées et les jugements de valeur). Notez toutes les images, les attentes et les jugements de valeur. Est-ce une bonne chose pour une fille d'être forte en maths ? de savoir s'imposer ? d'être câline ? Que fait une fille « sage ? » Et que fait une fille qui ne l'est pas ? D'ailleurs, est-il bon d'établir ce type de distinctions ? Pour une femme, l'intelligence est-elle une qualité ? Attachez-vous de l'importance au fait d'être pragmatique ? d'être aimante ? Quelle importance accordez-vous à l'intuition, à l'empathie ou aux capacités sportives ? à la dextérité manuelle ? à l'apparence ? Une fois que vous avez terminé l'exercice, comparez vos listes.

Vous ne pourrez pas forcer votre fille à avoir les qualités que vous avez notées sur votre liste, comme par exemple être douée pour les disciplines techniques, pour la musique ou pour s'occuper des autres. Toutefois, il est important que vous soyez conscient de vos idées concernant les filles et les femmes. Votre fille choisira sa propre voie, mais vos idées contribueront à façonner sa personnalité.

Les différents types de filles

De nos jours, il existe deux grandes catégories de femmes, très différentes. Les premières sont fortes, sûres d'elles, capables de gérer les changements, et aiment la performance. Les autres se sentent défavorisées par rapport aux hommes, elles ont peu confiance en elles et jugent que leurs perspectives d'avenir sont limitées. Et puis il y a aussi toutes les filles et les femmes qui refusent d'être cataloguées dans l'une ou l'autre de ces catégories, et qui cherchent leur propre voie.

Ce dernier millénaire a en grande partie été façonné par les hommes. Toutefois, le rôle des femmes ira croissant dans celui qui vient de commencer. Elles participeront davantage au fonctionnement de la société – mais sous quelle forme ? Vous paraît-il envisageable que votre fille soit Premier ministre ou lauréate d'un prix Nobel ? Quelle que soit la voie qu'elle choisira, elle appartient à une génération de femmes qui détermineront l'avenir de la planète avec les hommes.

Sur le devant de la scène ou dans l'ombre, elle contribuera à écrire l'histoire de l'Humanité. Alors, quel est l'avenir dont vous rêvez pour votre fille ? Allez-vous lui en parler avec franchise ? Quelle est la forme que devraient, selon vous, adopter les relations entre les hommes et les femmes dans l'avenir ? En avez-vous discuté avec l'autre parent de votre fille ?

> **LES FEMMES, LES HOMMES ET LE POUVOIR –
> LES INÉGALITÉS SUBSISTENT**
> Qui se trouve aux échelons les plus élevés du pouvoir ? Dans de nombreuses grandes entreprises, l'équipe de direction ne compte toujours aucune femme. En France, les femmes n'occupent que 2 à 3 % des postes de direction. Pourtant, la France obtient plutôt de bons résultats à l'échelle internationale, puisque le nombre de femmes chefs de grandes entreprises y est relativement élevé. Toutefois, les femmes P-DG demeurent l'exception. Qu'elles travaillent à plein temps ou à temps partiel, les femmes perçoivent un salaire inférieur d'environ un tiers à celui des hommes.

Pourquoi les filles sont-elles comme elles sont ?

Le comportement des femmes n'est pas seulement hérité de leurs ancêtres, il est aussi acquis, dans la mesure où elles viennent au monde dans une société où les relations entre hommes et femmes sont déjà clairement établies.

De plus, chaque famille possède sa culture et son histoire, qui s'inscrit dans l'histoire de la société. L'histoire des femmes de la famille est particulièrement importante pour les filles, même si le besoin de connaître ses racines n'est pas l'apanage des filles mais concerne tous les enfants. Vous-même, que savez-vous de vos origines ? Quels sont les éléments issus de la religion, des traditions, des croyances et des schémas de comportement provenant de votre tradition familiale que vous avez adoptés, et quels sont ceux que vous avez rejetés ? Voici quelques exemples de ce que j'entends par schémas de comportement familiaux : êtes-vous né dans une famille où le travail était une valeur fondamentale ? Venez-vous d'une famille où l'alcoolisme a joué un rôle, et avez-vous hérité une partie du bagage associé à ce passé ? Votre vie familiale lorsque vous étiez enfant était-elle très riche et heureuse, ou au contraire stricte et stressante ?

Mon point de vue personnel

Lorsque je m'interroge sur ce que je désire pour les femmes à naître dans ce millénaire, j'aimerais que les générations futures possèdent des qualités liées à la féminité originelle qui, en grande partie, ont été perdues. Et je me demande comment faire pour les ressusciter et les ranimer.

Ces qualités comprennent l'empathie, le sens de la coopération et de la communauté, la créativité, ainsi que l'imagination, l'intuition et la sagesse.

Récemment, la responsable de la rédaction d'un célèbre magazine pour parents m'a dit qu'en réalité elle adorerait être mère à plein temps. Mais elle n'ose pas le dire. Elle éprouve un grand plaisir quand elle est à la maison et qu'elle s'occupe de ses enfants, mais ses amies trouvent ses propos réactionnaires. Les femmes sont-elles obligées de faire carrière ? Doivent-elles devenir comme des hommes et adopter leur comportement ? Pour moi, la féminité est liée aux forces qui donnent la vie. Je ne dis pas pour autant que toutes les femmes doivent avoir des enfants. Chaque femme est libre de faire son choix ! En revanche, je crois qu'il est important que les femmes s'engagent en faveur de la vie, que ce soit en prenant position contre la guerre et pour la justice à la tribune des Nations unies, ou en s'engageant au sein de groupes de protection de la nature. Il est important que nous familiarisions nos filles avec la nature, sous toutes ses formes, et que nous leur enseignions à respecter la vie et à reconnaître les réalisations des femmes dans tous les domaines.

Pour moi, être une femme signifie donner la vie, la protéger, l'accompagner – et aussi la voir passer. Être une femme, c'est reconnaître que les humains font partie d'un cycle, que la mort fait partie de la vie, et qu'à intervalles réguliers vient le temps des adieux et du renouveau. Regardons la lune avec nos filles. En l'observant attentivement, nous en découvrirons un peu plus sur ce que signifie la vie sur terre.

C'est mon opinion personnelle et non une vérité absolue. Faites ce qui est en harmonie avec votre nature profonde et avec vos convictions, mais faites-le consciemment, en sachant que vous êtes un modèle. Pour que votre fille devienne une femme forte, il faut qu'elle puisse s'identifier à des femmes fortes.

Être forte, cela signifie être en harmonie avec soi-même, s'exprimer avec authenticité, s'affirmer et savoir bâtir sa propre vie. Être forte, cela signifie aussi se défaire du rôle de victime et s'assumer. Ne vous inquiétez pas même si les femmes ont souvent été dominées, elles ont de la force à revendre. C'est à travers nos actes que nous revendiquons notre identité.

Nos activités au quotidien façonnent ce que nous sommes. Quelles sont les possibilités que vous désirez offrir à votre fille ?

Les premiers modèles d'une fille sont sa mère et son père. Soyez attentive, vive, communicative et présente, et vous êtes sûre de donner des bases solides à vos filles.

EN BREF

- Les garçons et les filles sont différents, d'emblée.
- Avant de nous interroger sur l'éducation que nous souhaitons donner à notre fille, commençons par faire le point sur ce que nous pensons des filles, des femmes et de la féminité. Dans certains cas, vous aurez à remettre ces idées en question et à accomplir un travail sur vous pour changer votre manière de penser et votre comportement.
- N'oubliez pas que votre entourage réagira, lui aussi, au fait que vous allez devenir, ou que vous êtes déjà, le parent d'une petite fille. Préparez-vous à des réactions qui vous déplairont !
- Regardez le monde qui vous entoure et tout ce que les femmes font de nos jours ; tout cela est possible pour votre fille.
- Sur le plan physiologique, les bébés filles sont différents des bébés garçons, et certaines de ces différences vont s'accentuer au cours des premiers mois de leur existence. Les petites filles ont davantage besoin de contacts physiques. Beaucoup d'entre elles savent jouer toutes seules et se calmer toutes seules plus tôt que les garçons. Souvent, elles marchent à quatre pattes plus tôt que les petits garçons.

Un garçon ? Une fille ? Un être humain !

« *Lorsque ma femme est tombée enceinte pour la première fois, nous avons décidé de ne pas demander le sexe de notre enfant avant la naissance. Nous voulions vivre pleinement l'expérience de la grossesse, sans coup de pouce technologique et sans avertissement préalable sur la couleur rose ou bleue que nos vies allaient adopter. Au fil des semaines, nous avons pris beaucoup de plaisir à essayer de deviner le sexe du bébé. Nous pensions au partenaire de football enthousiaste que j'aurais si c'était un garçon, et à la manière dont je protégerais la vertu de mon adorable lolita face à des hordes de prétendants si c'était une fille. Le plus drôle, c'est que lorsque ce petit être est sorti du ventre de ma femme, nous étions dans un tel état d'émerveillement qu'il nous a bien fallu une minute (bon, d'accord, peut-être un peu moins) pour regarder le sexe du bébé. En cet instant magique du début de la vie, rien ne comptait, hormis le fait que notre bébé était là, avec nous, enfin ! Et c'était une petite fille.*

Lorsque ma femme est tombée enceinte à nouveau, nous avons décidé de demander le sexe du fœtus, lors de l'amniocentèse et de l'échographie. Nous voulions faire les choses différemment cette fois-ci, afin de connaître les deux expériences : une fois sans savoir, une fois en sachant. C'était une autre petite fille.

Nous nous sommes arrêtés à deux enfants. Aujourd'hui, je repense à cette phase de supputations de la première grossesse avec une tendresse particulière : c'est la seule période de ma vie où j'aurais pu avoir un fils. Aujourd'hui, j'ai deux filles et je n'imagine pas qu'il aurait pu en être autrement. Mais le rêve a été doux... »

Léo

CHAPITRE 2

TISSER UN LIEN AVEC LA PETITE FILLE QUI VIENT DE NAÎTRE

À la naissance du bébé, les parents ont une tâche très particulière à accomplir : ils doivent faire leurs adieux à l'enfant rêvé, pour accueillir et accepter l'enfant réel, avec ses qualités, son apparence, son sexe et son comportement.

Première étape

Avant toute chose, oubliez toutes les attentes que vous aviez avant la naissance de l'enfant, ce qui peut être particulièrement difficile si le bébé que vous tenez dans vos bras est différent de celui que vous attendiez. La tâche est en revanche plus aisée si votre enfant est un adorable nourrisson paisible, même s'il ne ressemble pas à l'enfant dont vous aviez rêvé.

En revanche, un petit brailleur tout rouge, sans un cheveu sur le crâne, donnant la très nette impression de ne pas être content d'être là, pose de nombreux problèmes. Tous vos fantasmes et toutes vos illusions, nourris par les photos de bébés à croquer dans les magazines, sont anéantis. Peut-être venez-vous d'avoir une petite fille alors que vous rêviez d'un garçon ? Peut-être est-elle née prématurément et le danger qu'elle garde des séquelles n'est-il pas définitivement écarté, ou peut-être vous a-t-on déjà dit qu'elle aura des séquelles ? Dans la vie, on peut réussir et changer beaucoup de choses, mais on ne peut pas tout maîtriser.

Cela étant dit, nombre de parents, submergés par leur propre capacité à aimer, vivent une expérience extraordinaire au moment de la naissance de leur bébé. Ils étaient loin d'imaginer qu'un être aussi petit, leur enfant, parviendrait à susciter tant d'amour en eux. Ils sont surpris par la force puissante, primale, qui déferle sur eux telle une gigantesque vague, lorsqu'ils regardent leur bébé.

Des liens authentiques, indispensables au bon développement

La première tâche que les jeunes parents doivent accomplir consiste à faire leurs adieux à l'enfant imaginaire, pour découvrir les trésors que recèle leur enfant réel.

Votre petite fille est comme elle est. Plus vous l'aimerez, mieux elle se développera. Concrètement, cela signifie, au cours des premiers mois, que vous serez tout le temps là pour elle. Elle a besoin que vous la preniez contre vous, que vous la caressiez et la massiez tendrement, que vous vous occupiez d'elle, que vous lui parliez, que vous la portiez et que vous dormiez près d'elle. Le verbe aimer est un verbe d'action. Au cours des premiers mois, aimer un bébé est une activité extrêmement prenante. C'est précisément ce comportement d'amour – épuisant, rappelons-le ! – qui constituera les fondements d'un lien fort entre votre bébé et vous. Ce lien entre ses parents et lui, au cours des premières années de son existence, est indispensable à toutes les étapes de son développement mental et émotionnel.

> **LA THÉORIE DE L'ATTACHEMENT ET SON IMPACT**
>
> Dans les années 1950, John Bowlby, après avoir observé et étudié des enfants victimes de la guerre et des orphelins, formula la « théorie de l'attachement ». Selon cette théorie, un enfant peut se développer de façon harmonieuse uniquement si un lien de confiance solide l'unit à au moins un adulte. Le film tourné par Bowlby, qui montre une fillette de douze ans vivant seule dans un hôpital, a marqué tous les esprits. Nous lui devons plusieurs choses :
>
> - désormais, il est rare que l'on sépare les bébés de leur mère dans les maternités ;
> - les parents sont souvent autorisés à rester aux côtés de leur enfant hospitalisé ;
> - les parents d'aujourd'hui connaissent l'importance d'une relation étroite et stable entre leur enfant et eux.

Les prématurés se développent mieux eux aussi lorsqu'ils bénéficient d'un contact peau à peau et de caresses. Il est fascinant de constater que les nouveaunés possèdent de nombreuses aptitudes qui leur permettent d'établir un contact avec leur entourage, puis de créer un lien. La plupart des parents réagissent intuitivement à ces signaux, ce qui renforce encore le lien d'amour qui les unit à leur enfant.

Si vous acceptez votre bébé tel qu'il est, et si vous vous

en occupez de manière responsable, en lui donnant un sentiment de sécurité totale, et en blottissant son petit corps contre le vôtre, vous lui offrirez une base de stabilité nécessaire à son développement.

Il est impossible de « gâter » un bébé. Votre petite fille est un être innocent, sans défense, totalement tributaire de vous. En lui donnant tout ce dont elle a besoin et tout ce qu'elle souhaite, vous ferez ce qu'il y a de mieux pour elle. Ces dernières années, nos connaissances sur les aptitudes des bébés dès la naissance se sont considérablement améliorées. Cependant, vous n'avez nul besoin de connaître les conclusions de tous les travaux de recherche. Contentez-vous d'observer votre bébé pour lui donner ce qu'il désire. Tout comme cette petite fille ressent un impérieux besoin de grandir et d'apprendre, vous, parent, possédez des compétences innées pour vous occuper d'elle. Fiez-vous à votre instinct et à votre intuition, et vous ferez ce qu'il faut.

Le « complexe positif de la mère/du père »

La psychologue Verena Kast appelle ce premier lien étroit et agréable avec la mère le « complexe positif de la mère ». Le « complexe positif du père » est l'équivalent pour le père. Selon le psychologue suisse Carl Jung, un « complexe » est le résultat d'une interaction signifiante entre deux personnes. Vous connaissez certainement le « complexe d'infériorité », qui peut se développer lorsqu'une personne est systématiquement dévalorisée par son entourage. Aucun individu n'est « inférieur » aux autres. Mais si l'on ne cesse de répéter à quelqu'un, enfant ou adulte, qu'il est « nul », il finira par le croire. L'inverse est également vrai.

Donnez à votre fille le sentiment d'être portée par la vie

Les filles qui ont été marquées par un « complexe positif de la mère » prennent pour acquis leur droit d'exister, elles sont créatives et savent « vivre et laisser vivre les autres ». Elles savent aussi que tout individu a le droit d'être respecté, d'exprimer ses besoins physiques et spirituels, de se réaliser et de posséder une juste part de biens terrestres. Ces filles se sentent portées par la vie et pourront jouir de leur corps, de la nourriture, de leur sexualité et de la vie.

Comme tout autre individu, elles auront, à terme, besoin de desserrer le lien étroit qui les unit à leur mère pour être en mesure de développer leur propre identité et de déployer leur propre personnalité. Cet éloignement se produit à la puberté, sauf bien sûr si leur mère quitte la famille ou meurt avant.

L'importance du père

En raison de la séparation inéluctable de la mère et de l'enfant (qui intervient plus tôt chez les garçons), la présence du père, dès le début de l'existence de l'enfant, est importante pour permettre aux filles de développer un « complexe positif du père ». Si la petite fille a la chance d'avoir un père présent dès le début de son existence – ou, si c'est impossible, qu'une personne qui n'est pas la mère s'occupe aussi d'elle –, elle pourra plus facilement se détacher de la dyade mère-enfant. Elle apprendra également que les relations qui l'unissent aux individus de son entourage sont différentes : papa et maman ne la traitent pas de la même façon, et chaque parent possède ses caractéristiques propres.

> **LES PÈRES SONT DIFFÉRENTS DES MÈRES**
>
> Les pères réagissent aux paroles de leurs enfants par des paroles, tout comme les mères. Toutefois, ils se distinguent des mères en ce qu'ils donnent souvent la préférence à des jeux stimulants sur le plan physique, à des mouvements clairement définis et à des changements abrupts entre les phases d'interaction active et d'interaction passive. Le style de jeu pratiqué par les pères est souvent plus intéressant que celui des mères, et les enfants l'adorent. Mais nous reviendrons sur l'importance du père dans les chapitres suivants.

Les petites filles dont le père et la mère sont présents dès le début de leur existence apprennent rapidement des schémas relationnels distinctifs, et sont capables d'associer différentes attentes à différentes relations. Cela leur permet d'aborder plus facilement des situations nouvelles, car elles maîtrisent déjà un éventail de réactions plus vastes que si elles ne dépendaient que d'un seul parent. Tandis que la petite fille voit sa mère comme un être identique à elle, elle est fascinée par l'inconnu (ce qui est patent d'emblée !) qu'est son père. La plupart des femmes qui ont réussi dans la vie ont eu des pères qui leur ont appris à être indépendantes et à s'assumer toutes seules. Ces femmes décrivent leurs pères comme des personnes intelligentes, ambitieuses, énergiques et tolérantes.

Ne lui donnez pas tout ce qu'elle veut

Beaucoup de femmes me disent qu'elles ont du mal à refuser des choses à leur enfant. Pourtant, il est important qu'au sein de votre famille vous puissiez dire

« oui » et « non ». Si vous acceptez les autres, y compris vos propres enfants, comme des individus à part entière, vous devez aussi accepter le fait que chacun peut prendre des décisions et faire des choix personnels.

Imaginons que votre fille veuille du cacao au petit déjeuner et qu'il n'en reste plus : vous serez obligée de lui dire qu'elle ne pourra pas en avoir. Elle sera contrariée, et si elle est encore petite, il y a fort à parier qu'elle protestera, qu'elle pleurera et qu'elle criera pour avoir du cacao. Comment réagissez-vous dans ce genre de situation ? Vous dites-vous qu'il est normal qu'elle soit déçue et qu'elle verbalise sa déception, en insistant ? Ou vous culpabilisez-vous de ne pas pouvoir donner à votre fille tout ce qu'elle souhaite ? Perdez-vous patience et réagissez-vous avec agressivité face à ses demandes ?

Interrogez-vous attentivement sur vos réactions et souvenez-vous que vous avez le droit de dire « non » à votre enfant. Toutefois, souvenez-vous de laisser fréquemment votre fille faire ce qu'elle désire : les réponses positives sont bénéfiques à son développement.

Beaucoup d'enfants sont soumis à un grand nombre d'interdits qui nuisent à leur bon développement. Ils n'ont pas le droit de :

- sauter dans les flaques,
- grimper aux arbres,
- jouer avec de la boue,
- vider le contenu du placard à casseroles,
- utiliser de la colle,
- se servir de ciseaux,
- se préparer à manger sur la cuisinière, etc.

Or toutes ces activités sont extrêmement bénéfiques pour les enfants.

Dans d'autres familles, les enfants n'ont pas de limites et perdent tout repère. Un enfant à qui tout est permis est perdu. Vous ne nuirez pas à votre fille en lui interdisant de regarder une émission de télévision ou en refusant de lui acheter le T-shirt qu'elle veut, bien au contraire. Si vous être fatiguée et si vous avez besoin de vous reposer, dites-lui que vous ne pouvez pas jouer avec elle. Expliquez-lui pourquoi vous ne pouvez pas à ce moment précis vous occuper d'elle, et dites-lui quand vous aurez le temps de le faire. Mais n'oubliez pas que vous devrez aussi accepter que votre fille refuse de mettre son pull rouge ou de jouer de la flûte devant sa tante même si vous vous désirez qu'elle le fasse.

Efforcez-vous de former une famille dans laquelle personne n'a besoin de se plier en quatre pour s'adapter aux autres membres de la famille. Chacun doit pouvoir prendre certaines décisions pour ce qui le concerne.

Donnez l'exemple

Quiconque vit avec des enfants doit constamment se poser la question suivante : « Qu'est-ce qui est vraiment important pour moi ? » Si vous savez y répondre, si vous connaissez les valeurs et les références auxquelles vous tenez, alors vous parviendrez à établir des priorités. Cette conscience de vous aura un impact sur votre existence tout entière et sera très bénéfique à votre vie de famille.

> **QUELLES SONT LES VALEURS AUXQUELLES VOUS TENEZ ?**
> Voici quelques pistes de réflexion pour vous aider à répondre à la question : « Qu'est-ce qui est vraiment important pour moi ? »
>
> - Qu'est-ce qui compte davantage pour vous : être indépendant sur le plan financier ou vous développer au sein du foyer ?
> - Allez-vous jusqu'au bout de vos rêves ou avez-vous plutôt tendance à vous plier aux conventions sociales ?
> - Si vous deviez établir vos « Dix commandements de la famille », quels seraient-ils ?
> - Quels sont les souvenirs que vous aimeriez avoir lorsque vous serez âgé ?
> - Quel est le souvenir que vous aimeriez laisser aux autres, y compris à vos enfants, après votre mort ?

Lorsque mon mari et moi avons demandé aux participants d'un séminaire de couples d'établir la liste de leurs valeurs et de la comparer à celle de leur conjoint, nous avons déclenché une véritable pagaille. Des personnes qui vivent sous le même toit ont souvent des valeurs différentes. De plus, certaines valeurs sont typiquement féminines, et d'autres typiquement masculines. Ne critiquez pas votre conjoint si vos valeurs divergent considérablement ; contentez-vous de rechercher les points communs. Parlez de ce qu'une valeur en particulier représente pour vous et écoutez-le sans le juger. Si vous avez tous deux inscrit l'humour sur votre liste, vous êtes sur la bonne voie !

Vos enfants vous jugeront à l'aune de l'exemple que vous leur donnez. Ainsi, vous ne serez pas crédible si vous demandez à vos enfants de vivre sainement alors que vous fumez comme un pompier. Et si vous aimez jouer avec vos enfants, vous n'aurez pas besoin de leur expliquer combien la joie de vivre est une valeur qui vous tient à cœur : ils le constateront d'eux-mêmes !

L'honnêteté est une qualité que de nombreux adultes exigent de leurs enfants sans la pratiquer eux-mêmes. Faites votre examen de conscience : quand avez-vous menti, et dans quelles situations avez-vous renié vos convictions ? Un jour, vos enfants ressentiront peut-être l'envie de vous en parler. Dans son livre extraordinaire, *Le Racisme expliqué à ma fille*, Tahar Ben Jelloun expose à sa fille Meriem, âgée de dix ans, les valeurs auxquelles il tient. L'écrivain français d'origine marocaine répond aux interrogations de l'enfant sur le racisme, dans un contexte où les pays européens se posent des questions sur l'intégration des populations issues de leurs anciennes colonies. Tahar Ben Jelloun passe en revue les aspects sociaux, politiques, économiques et psychologiques du racisme, abordant des questions aussi diverses que la discrimination, la religion, la génétique, les stéréotypes, l'immigration et la xénophobie. Cet ouvrage facile à lire a été traduit dans une dizaine de langues. Il traite des valeurs de l'auteur. Je recommande vivement sa lecture à tous les parents.

Tant que vos enfants vous poseront des questions, ils vous inciteront à vous interroger sur votre vie et vos valeurs. Ce questionnement est essentiel. Si vous avez un point de vue radicalement différent de celui de votre fille sur un point précis, elle se souviendra toute sa vie de la discussion que vous avez eue à ce sujet si vous la considérez avec respect et dignité. Et son désaccord avec vous aujourd'hui ne signifie pas qu'elle ne sera pas d'accord avec vous dans cinq ans.

Soyez un bon modèle

Au risque de me répéter, je rappelle que les enfants ont besoin de modèles, d'adultes, hommes ou femmes, qui leur donnent l'exemple et auxquels ils peuvent s'identifier. Comment parlez-vous d'autrui ? Est-ce que votre patron est « un imbécile » ? Votre voisin « un idiot » ? Le conducteur de la voiture devant vous « un abruti » ?

Observez-vous et soyez honnête avec vous-même et avec vos enfants. Ils feront de même. L'individu qui exprime honnêtement ses opinions et qui défend sa vérité inspirera toujours le respect.

UN MODÈLE EN ACTION

Il y a longtemps, avant que mon mari et moi ayons des enfants, l'un de nos amis est passé nous voir à l'improviste avec sa fille, Anne. C'était dans les années 1970, avant le courant punk. Anne portait un jean déchiré et un débardeur provoquant, elle avait les cheveux teints en rouge et peut-être portait-elle également un collier de chien, je ne m'en souviens plus très bien. Pendant toute la durée de leur visite chez nous, son père l'a traitée avec dignité et respect, alors que je savais que son apparence lui déplaisait. J'ai trouvé son comportement admirable. Sans dire un seul mot, il nous a donné une belle leçon de tolérance.

Manger avec plaisir

L'alimentation est souvent un enjeu épineux dans les familles. C'est pourquoi il me semble important de donner quelques conseils aux jeunes parents.

Il est intéressant de constater que dans notre univers complexe et mécanisé, ce sont nos besoins naturels, comme l'alimentation, le sommeil et la sexualité, qui nous donnent le plus de problèmes. Comment se fait-il que tant d'êtres humains ont une mauvaise alimentation et souffrent de carences en vitamines et en sels minéraux, alors que nous vivons dans un monde d'abondance ? Pourquoi les troubles de l'alimentation touchent-ils en premier lieu les filles, généralement à l'adolescence, période où leur récent corps de femme les perturbe ? Comment tous ces problèmes font-ils leur apparition ? Que pouvons-nous faire, en tant que parents, pour aider nos filles et les soutenir ?

Au cours des premiers mois de l'existence d'un bébé, le lait maternel est le meilleur aliment qui soit. Il répond parfaitement aux besoins du nourrisson. Lorsqu'il atteint six mois environ, votre bébé commence à consommer quelques aliments solides, comme de la purée de carotte. Puis, une fois qu'il prend ses repas à table avec vous, dans sa chaise haute, il est temps de commencer à faire des repas en famille.

La nourriture joue un rôle important dans la « culture » de chaque famille : qui cuisine, quand, et avec quels ingrédients ? Bien évidemment, vous avez vos propres opinions mais dans l'intérêt de vos enfants et de leur santé, je souhaite rappeler certaines notions. Sur le plan nutritionnel, les petits pots pour bébés ne sauraient rivaliser avec les légumes frais. Vous devez savoir aussi que tous les légumes ne présentent pas le même intérêt diététique. Pouvez-vous trouver des légumes bio près de chez vous ? Envisagez-vous d'en acheter ? Que pensez-vous de la viande bio et des œufs bio ? Les céréales, les légumes et les fruits frais sont les meilleurs aliments qui soient pour votre enfant. Les aliments bio sont produits de manière naturelle, sans produits chimiques ni pesticides – je rappelle que les effets secondaires à long terme ne sont pas encore tous connus – et non génétiquement modifiés. En évitant d'emblée de donner du sucre à votre petite fille (sous forme de bonbons, de biscuits ou de boissons sucrées, par exemple), vous ferez beaucoup pour son alimentation et pour ses dents.

De plus, de cette manière, votre fille mangera quasiment tout ce que vous lui proposerez. Ne vous inquiétez pas si elle n'aime pas un légume en particulier. Du moment qu'elle ne consomme pas de sucre ni d'aliments industriels (voir ci-dessous), elle choisira ce dont elle a besoin parmi les aliments que vous lui proposez. Et n'oubliez pas qu'un enfant en bonne santé contribue aussi au bonheur de ses parents !

Limitez les sucreries

Abstenez-vous d'avoir chez vous des aliments nocifs pour la santé : cela évitera de nombreux problèmes. Si vous avez déjà posé les fondements d'une alimentation saine, votre fille sera moins vulnérable lorsqu'elle sera confrontée à des sucreries, des stabilisants, des émulsifiants et autres substances nocives, par exemple à l'école ou chez des amis.

Beaucoup de parents me disent qu'ils ne sont pas d'accord avec cette approche, parce que leur enfant se jette sur les sucreries lorsqu'il se trouve chez des voisins ou des amis. Tout d'abord, je précise que votre petite fille n'ira pas toute seule chez des voisins et qu'elle n'y restera pas sans surveillance avant un certain âge.

Par conséquent, il n'y a aucune raison pour que les adultes ne puissent surveiller ce qu'elle mange. Et si en grandissant elle mange des bonbons chez des amis, n'en faites pas une affaire d'État. Vous avez fait de votre mieux et c'est suffisant – de toute façon, vous ne pouvez pas en faire davantage. Quoi qu'il en soit, regardez la quantité de sucreries que votre enfant ingurgite dans ce type de situations : vous constaterez sans doute qu'elle en mange moins que ses camarades. En règle générale, les enfants ayant une alimentation saine ne consomment pas d'aliments nocifs en grandes quantités, même lorsque ces aliments sont à leur disposition.

Une fois que votre fille ira à la crèche ou à l'école, vous pouvez lui donner des en-cas à emporter avec elle. Vous pouvez également parler de votre souci d'apporter une alimentation équilibrée et saine à votre fille à l'équipe pédagogique et aux autres parents. Peut-être l'entreprise sera-t-elle couronnée de succès. Et si vous ne parvenez pas à rallier la crèche ou l'école à votre point de vue, au moins aurez-vous montré à votre fille qu'avoir une alimentation saine vous tient à cœur, ce qui l'aidera. N'oubliez pas qu'il est important que votre enfant connaisse vos opinions et qu'il voie que vous savez mener une vie heureuse, en harmonie avec vos convictions.

MANGE-T-ELLE TROP OU PAS ASSEZ ?

Ne vous tracassez pas en vous demandant si votre fille mange trop ou pas assez : un enfant en bonne santé consomme exactement les quantités de nourriture ▶

Tisser un lien avec la petite fille qui vient de naître / 59

> dont son organisme a besoin. Notez toutefois que cette règle ne s'applique qu'aux enfants dont l'alimentation est quasiment exempte de sucre. Une consommation excessive de sucre suscite des envies de sucreries, ce qui est la porte ouverte à une mauvaise alimentation.

Alimentation et pouvoir

Si votre fille constate que son alimentation lui donne une emprise sur vous, elle en fera un jeu et fera pression sur vous, en décrétant par exemple : « Je ne veux pas manger de ceci ou de cela. » Comme elle sait que ce sujet vous tient à cœur, elle espère que vous allez vous empresser de lui préparer autre chose. La conséquence est l'apparition sur la table du dîner d'aliments tout prêts : bâtonnets de poisson et raviolis en boîte. Et si vous essayez d'interrompre ce cercle vicieux ne serait-ce qu'une seule fois, vous devrez déployer des trésors de persuasion pour convaincre votre fille élevée aux frites et au ketchup d'ingurgiter quoi que ce soit. Ne mettez surtout pas le doigt dans cet engrenage !

Votre fille peut vous aider à cuisiner

Cuisinez avec plaisir, délice et amour, et impliquez votre petite fille dans les préparatifs des repas. Laissez-la vous aider à choisir le menu, emmenez-la faire des courses, apprenez-lui à distinguer les aliments de qualité des autres, et laissez-la vous aider à préparer le repas. Vous pouvez parfaitement montrer à une petite fille de deux ans comment se servir d'un couteau – à condition toutefois qu'il ne soit pas trop coupant ! Toutes ces expériences sensorielles accroissent son intérêt pour la cuisine, elles la familiarisent avec le goût et la texture de différents aliments et contribuent à développer son intelligence.

Au cours des premières années de l'enfant, l'apprentissage passe exclusivement par des expériences sensorielles : les enfants imitent, touchent, jouent, portent à la bouche et explorent leur environnement avec tout leur corps. Si vous laissez votre fille participer à une activité sensorielle comme la préparation des repas, elle aura exactement les *stimuli* dont elle a besoin. En y réfléchissant bien, peu d'activités font autant intervenir nos cinq sens (la vue, l'ouïe, l'odorat, le toucher et bien évidemment le goût) que la préparation et la dégustation des repas.

En revanche, si votre fille se nourrit essentiellement d'aliments en conserve ou surgelés, il y a fort à parier qu'elle croira que le lait sort des briques et que les carottes poussent dans les congélateurs !

Si vous travaillez à l'extérieur ainsi que votre conjoint, efforcez-vous de cuisiner avec votre fille le week-end, après avoir fait les courses ensemble. Si vous habitez dans une grande ville, pourquoi ne pas aller de temps en temps visiter une ferme à la campagne ? Votre fille découvrira comment on cultive et comment on récolte les légumes.

Le comportement à table

Il est au moins aussi important que le choix des aliments. Dans la mesure du possible, les repas doivent se dérouler dans une atmosphère paisible et conviviale.

Ne critiquez ni votre enfant ni votre conjoint pendant les repas et évitez toute dispute. S'il y a des problèmes à régler, sortez faire un tour ou installez-vous dans le salon après le repas pour en discuter.

Tisser un lien avec la petite fille qui vient de naître / 61

Trouvez un moment calme pour parler avec votre conjoint des règles à adopter à table. Votre fille a-t-elle le droit de quitter la table dès qu'elle a fini de manger ou bien doit-elle attendre que tout le monde ait fini ? Est-elle autorisée à jouer en mangeant ? A-t-elle le droit de se servir toute seule ? Et si oui, à partir de quel âge ? Et dans ce cas, doit-elle terminer tout ce qu'elle a mis dans son assiette ?

Il n'y a pas de « bonnes » réponses à ces questions, ni de vérité absolue. Vous développerez votre propre culture familiale en trouvant des réponses ensemble et en mettant en avant les choses qui comptent pour vous. Autrefois, par exemple, on disait généralement une prière avant le repas, les enfants n'avaient pas le droit de parler à table, sauf si on leur adressait la parole, et devaient rester assis jusqu'à ce que tout le monde ait terminé de manger. Dans beaucoup de familles, les choses ont changé : il y a des familles dont les membres ne s'installent *jamais* tous ensemble à table pour manger.

Quel genre de repas souhaitez-vous pour votre famille ? Lorsque votre fille sera à table avec vous, son apprentissage de l'alimentation commencera. Ce qu'elle apprendra alors est entre vos mains.

LES REPAS, VOTRE FILLE ET VOUS : CE QU'IL FAUT SAVOIR
- Les repas en famille sont un moment agréable.
- Notre nourriture doit nous inspirer de la reconnaissance : les quantités et la diversité dont nous disposons ne sont pas données à tous.
- Une alimentation saine est essentielle à notre bien-être.

▶

- Tous les membres de la famille peuvent participer à la préparation des repas.
- La meilleure façon d'apprendre à un enfant comment se comporter à table consiste à lui montrer l'exemple et à le féliciter – et non à le critiquer.
- Chaque individu est maître de son corps. Par conséquent, chacun a le droit de choisir ce qu'il mange (dans un éventail d'aliments sains) et en quelles quantités.
- Les fruits et les légumes peuvent être consommés à tout moment en-cas.

En bref
- Acceptez le bébé qui vient de naître, même s'il n'est pas tel que vous l'aviez imaginé, et nouez des liens avec lui.
- En refusant quelque chose à votre fille pour une bonne raison, vous lui rendez service.
- De bons modèles parentaux sont essentiels au développement harmonieux d'une petite fille.
- Votre fille a plus de chances d'avoir une attitude saine et positive en face de la nourriture si vous lui donnez des aliments naturels et frais et si vous restreignez les sucreries.

Des années aux fourneaux !

« Toute la famille était occupée à préparer le repas dans la cuisine lorsque j'ai annoncé que cette année, je ne voulais pas de cadeaux pour la fête des mères, mais que je souhaitais ne pas avoir à cuisiner pendant trois

jours, durant le week-end de la fête des mères. J'avais besoin de me reposer.

Un grand silence s'est fait. Tous les regards se sont posés sur moi. Et puis, mes deux fils, âgés de dix-huit et de quinze ans, et leur père se sont tournés vers la benjamine, Jesse, dix ans, la seule fille de la maison, et lui ont dit : "Bon, alors c'est toi qui vas faire la cuisine pendant trois jours."

Jesse s'est jetée dans le canapé où elle s'est installée les doigts de pieds en éventail avant de décréter : "Désolée, moi aussi, je serai mère un jour, j'ai donc besoin de me reposer. Je ne peux pas faire la cuisine."

Et puis, le jour de la fête des mères, Jesse m'a offert une carte qu'elle avait réalisée elle-même. Voici ce qu'elle y avait inscrit :

Bonne fête des mères, maman.

S'il te plaît, ne meurs pas avant que je sois mariée.

Bisous, Jesse

Je crois qu'elle a entrevu des années passées aux fourneaux, à cuisiner pour ses frères et son père ! »

Lisa

Chapitre 3

Ses premières années

Dans ce chapitre, nous allons passer en revue divers aspects fondamentaux du développement de la petite fille et voir ce que vous, parents, pouvez faire pour le favoriser. Là encore, il est essentiel de connaître vos valeurs personnelles et d'observer attentivement et fréquemment votre fille, avec amour, afin de déterminer ses besoins.

L'acquisition du langage

L'un des domaines dans lequel les petites filles sont généralement en avance par rapport aux petits garçons est celui de l'acquisition du langage. Une étude a démontré qu'à dix mois, les filles savent déjà dire trois mots en moyenne, tandis que les garçons du même âge n'en connaissent qu'un [6]. À dix-huit mois, la moitié des petites filles possèdent un vocabulaire de 56 mots, contre 28 mots pour la moitié des garçons.

Des différences se manifestent également dans le vocabulaire passif (celui que l'enfant comprend sans l'utiliser). À seize mois, la moitié des petites filles comprennent 206 mots, tandis que la moitié des garçons en connaissent 134. Les petits garçons rattrapent ce retard vers vingt mois.

Dans l'ensemble, les petites filles ont une meilleure maîtrise du langage : l'hémisphère gauche de leur cerveau, celui où se situe le centre du langage, est activé plus tôt

– ce qui nous ramène aux différences entre le cerveau de l'homme et celui de la femme. Il est intéressant de constater que, souvent, les parents réagissent inconsciemment à cette différence, en encourageant le langage de leurs filles plus que celui de leurs fils. Une étude américaine a démontré que le nombre de mots que les parents adressent à leur enfant – en d'autres termes, la quantité de communication qu'ils initient – permet de prévoir de manière assez précise l'intelligence, la réussite scolaire et les compétences sociales de l'enfant [7]. Autrement dit : plus on parle à un enfant, plus ses capacités dans ces domaines seront bonnes.

Il ne fait aucun doute que la parole stimule le cerveau et favorise la création de connexions indispensables à l'intelligence, à la créativité et à la faculté d'adaptation de l'enfant. La phase d'acquisition du langage est façonnée par les interactions et ce lien deviendra encore plus manifeste au cours des années suivantes.

> **UNE LANGUE OU DEUX LANGUES ?**
> Si votre contexte personnel vous le permet, n'hésitez pas à élever votre enfant de manière qu'il soit bilingue. Au cours des premières années de leur existence, les jeunes enfants apprennent les langues très facilement et très naturellement. Cet apprentissage ne se fera plus jamais aussi facilement. Le bilinguisme améliore non seulement les compétences de l'enfant dans sa première langue, mais il a aussi un effet positif sur son intelligence en général.

Diverses études ont montré qu'à la maternelle, les instituteurs et les institutrices ne traitent pas les petits garçons et les petites filles de la même manière[8]. Ils encouragent beaucoup les filles dans leurs progrès langagiers, ce qui développe leur talent naturel dans ce domaine. Souvenez-vous que la stimulation du langage s'effectue en parlant aux enfants et non en leur passant des cassettes, des CD ou des films. Pour améliorer ses compétences en communication, le jeune enfant a besoin d'un retour parlé, fourni par un interlocuteur en chair et en os.

En règle générale, les parents stimulent eux aussi beaucoup leur enfant sur le plan du langage en parlant au bébé, en lui expliquant tous leurs gestes, en lui chantant des chansons et, plus tard, en lui lisant des histoires. Si vous ne le faites pas, votre enfant stagnera dans son développement. C'est ce qui se produit par exemple pour les enfants de parents muets, si personne n'assume ce rôle à leur place.

L'un des exemples les plus célèbres et les plus marqués d'une telle déficience d'apprentissage est celui de Kaspar Hauser. Cet enfant d'origine inconnue a fait son apparition sur une place de Nuremberg, en Allemagne, en 1828. Alors qu'il était âgé d'environ seize ans, il présentait de nombreuses caractéristiques d'un très jeune enfant : un langage très rudimentaire, une démarche peu assurée, qui le faisait tomber souvent, et une absence de pudeur à l'égard des femmes. Kaspar Hauser a donné son nom à un complexe, considéré comme un trouble du développement par les psychologues sociaux du XXe siècle. Mais fort heureusement, vous ne serez pas confronté à des problèmes aussi extrêmes que celui-là !

Qu'est-ce que le sport, la musique et la boue ont à voir avec l'intelligence ?

Les filles, comme les garçons, sont dotées à la naissance de cent milliards de cellules nerveuses, les neurones. Celles qui sont reliées entre elles afin de suivre des circuits définis génétiquement représentent une infime proportion de la totalité.

Toutes les autres attendent d'être soumises à un programme d'apprentissage. Grâce aux perceptions sensitives et aux activités motrices, le système nerveux établit des voies nerveuses qui conduisent à l'acquisition des mouvements, lesquels deviennent ensuite des automatismes. La création de ces connexions se remarque très clairement chez le jeune enfant.

L'acquisition progressive des compétences physiques

À trois mois, un bébé commence à regarder ses mains et apprend à les guider jusqu'à sa bouche, effectuant ses premiers mouvements délibérés. La répétition fréquente de ce mouvement crée une voie nerveuse. Par la suite, l'enfant pourra exécuter ce mouvement sans y réfléchir.

Au cours du cinquième mois, le bébé commence à tendre la main vers des objets. Les sensations provenant de l'objet sont directement transférées à son cerveau, grâce aux neurones et aux impulsions électriques qui les relient. Ensuite, des impulsions passent du cerveau aux muscles de l'enfant, permettant un mouvement délibéré. En touchant un objet, votre petite fille remarque sa forme, sa texture, sa couleur et sa matière, et elle constate qu'elles diffèrent de celles des autres objets. Des concepts abstraits se mettent alors en place, comme « balle », « maman » et « voiture ».

Chez le très jeune enfant, l'ensemble de l'apprentissage s'effectue par des perceptions sensitives concrètes. Pour le favoriser, vous pouvez donner différentes matières à toucher à votre petite fille : des choses douces, lisses, dures, légères, etc. Avant tout, laissez-la souvent jouer avec de la boue, du sable et de l'eau, et faire des expériences avec différents types de mouvements.

Il faut savoir que lorsque votre petite fille s'amuse à pianoter sur un piano, toutes les zones de son cerveau sont stimulées. La musique, le sport, la peinture et la pâte à modeler ne permettent pas seulement de s'amuser, mais aussi de stimuler l'intelligence en général, à condition bien sûr que votre fille se livre à ces activités de son plein gré et avec plaisir.

De la couche au pot

Pour la plupart des petites filles, l'apprentissage de la propreté s'effectue rapidement et facilement. Si elle le souhaite, laissez-la venir avec vous lorsque vous allez aux toilettes. Montrez-lui ce que vous y faites et proposez-lui de faire comme vous en utilisant un réducteur de toilettes ou un pot.

Je vous conseille de lui retirer sa couche en été, de manière qu'elle sente lorsqu'elle fait pipi. N'exercez pas de pression sur elle concernant l'apprentissage du pot.

Félicitez-la lorsqu'elle parvient à faire pipi ou caca dans le pot, sans toutefois accorder une importance excessive à l'opération. Tôt ou tard, tous les enfants sont propres…

Je ne connais que quelques rares cas où la méthode consistant à enlever la couche avec le consentement de l'enfant n'a pas fonctionné. Même s'il faut pour cela nettoyer à l'occasion la moquette du salon, cette méthode naturelle vaut la peine d'être essayée. Peut-être avez-vous déjà vu des photos d'enfants chinois, avec une longue fente à l'arrière de leurs pantalons. Beaucoup d'enfants qui n'ont jamais eu le privilège douteux de porter des couches apprennent la propreté ainsi, selon une méthode ancestrale.

L'apprentissage de la propreté est parfois difficile. Dans la plupart des cas, ces difficultés sont liées à des peurs. C'était le cas d'une petite fille, Marie, qui pensait qu'elle perdait une partie de son corps lorsqu'elle voyait ses excréments. Pendant un temps, sa mère n'a pas pu la convaincre du contraire : Marie hurlait et demandait qu'on lui mette une couche à chaque fois qu'elle avait besoin d'aller aux toilettes. Toutefois, après quelques explications apaisantes et après que des adultes sont restés près de Marie lorsqu'elle allait aux toilettes, et *vice versa*, tout est rentré dans l'ordre.

LORSQUE L'APPRENTISSAGE DE LA PROPRETÉ NE FONCTIONNE PAS

Il faut savoir qu'un enfant qui a du mal à se défaire de sa couche ne le fait jamais pour ennuyer ou pour punir ses parents. Son comportement est plutôt dicté par l'incompréhension, par l'inquiétude ou par la peur. Pendant cette période angoissante pour lui, vous devez l'accompagner et faire preuve de patience, de compassion et de compréhension. Punir l'enfant, montrer du mépris ou se mo- ▶

> quer de lui ne ferait que renforcer le problème ou le reporter sur autre chose. Et dans ce cas, il sera de plus en plus difficile de trouver une solution.

Pour clore le sujet de la propreté, j'aimerais dire tout le bien que je pense des peaux de mouton. Une peau de mouton placée dans le lit de votre petite fille, sur le drap, la maintiendra non seulement bien au chaud, mais lui permettra aussi de se sentir en sécurité. Et si elle fait pipi au lit la nuit, son matelas sera protégé. Il suffira alors de mettre la peau de mouton à sécher au soleil, après l'avoir lavée pour qu'il ne reste quasiment aucune odeur.

Les petites filles apprennent plus tôt

Susan Gilbert, auteur d'un ouvrage sur les enfants, considère que l'une des différences essentielles entre les garçons et les filles réside dans le fait que les petites filles tirent plus facilement les leçons de leurs erreurs [9]. Êtes-vous d'accord avec cette analyse ?

Eleanor Maccoby, une psychologue américaine, a observé des enfants d'un an dans la salle d'attente d'un médecin [10]. Alors que les petits garçons touchaient souvent à des objets que leurs parents leur avaient interdit de prendre, les petites filles respectaient généralement l'interdiction. Faut-il en conclure que les petites filles sont plus sages ?

Un test classique pour évaluer les facultés de mémorisation et de maîtrise des pulsions d'un enfant de huit mois, qui se déplace à quatre pattes, consiste à cacher un objet. L'enfant est autorisé à aller le chercher.

Ensuite, on prend l'objet pour le mettre ailleurs, sous les yeux de l'enfant. La plupart des enfants commencent par aller chercher l'objet là où il était caché la première fois. Soit ils ont oublié que l'objet a été déplacé, soit ils ne peuvent résister à la pulsion de regarder là où ils l'ont trouvé précédemment. Une étude a démontré que plus ils sont âgés, plus les enfants, garçons et filles confondus, obtiennent de bons résultats à ce test, mais aussi que les petites filles progressent plus rapidement que les petits garçons.

Il en est de même pour la propreté. La plupart des parents constatent que les petites filles contrôlent leur vessie plus tôt que les garçons. Une étude a démontré qu'à deux ans et demi, 30 % des filles et seulement 15 % des garçons étaient propres[11].

À trois ans, 70 % des filles sont propres, contre seulement 50 % des garçons. Maccoby attribue cet écart à la différence de maturité cérébrale entre les garçons et les filles du même âge. Bien évidemment, il existe des exceptions.

De manière générale, il semblerait que les filles parviennent mieux à se contrôler que les garçons. Cela se vérifie également pour les colères, normales chez les garçons et les filles d'un an et de deux ans. À partir de trois ans, les filles font moins de colères que les garçons. Elles s'adaptent également mieux à la vie scolaire en maternelle.

La curiosité sexuelle

Tandis que les petits garçons peuvent voir leurs pénis, qu'ils découvrent très tôt comme une source de plaisir, les filles, elles, ont un sexe caché. Les parents de petites filles oublient parfois que celles-ci éprouvent elles aussi du désir. Et ils ont tendance à leur interdire d'explorer leurs organes génitaux ou à juger cela dangereux.

Le sexe des filles (et des femmes), peut-être parce qu'il est caché, est parfois considéré comme honteux. Il est troublant de constater qu'en allemand la partie visible des organes génitaux féminins est appelée *Schamlippen*, littéralement « lèvres de la honte ». Fort heureusement, dans d'autres cultures, les organes sexuels féminins sont considérés avec davantage de respect. Les Chinois, par exemple, parlent des « portes célestes », terme qui paraît beaucoup plus approprié à la nature du sexe féminin !

Cette porte céleste protège et cache le bien le plus précieux de la femme : le clitoris. Doté de 8 000 fibres nerveuses, le clitoris est plus sensible que toute autre partie du corps féminin, et beaucoup plus sensible que le pénis. Et son unique fonction est de donner du plaisir à la femme, de son plus jeune âge à la fin de sa vie !

LE CENTRE DU PLAISIR

Comme l'écrit la journaliste américaine Natalie Angier[12], le « clitoris est le seul organe sexuel uniquement dédié au plaisir et qui n'a besoin d'aucune aide ni d'aucun renfort, de quelque nature que ce soit. Pour cela, il est sans doute judicieux que le clitoris soit généralement couvert par ▶

> les lèvres. D'une certaine manière, c'est un secret d'initiée, un divin mystère, une boîte de Pandore qui ne contient rien de mauvais, seulement du plaisir à profusion. »

Les petites filles découvrent très tôt cet organe extraordinaire, toutes seules, et il convient tout simplement de les laisser faire. Les petites filles qui ont le droit de découvrir leur corps, de manière naturelle, ne risquent pas de ressentir de désir du pénis. J'ajoute que les petites filles, si elles le souhaitent, peuvent, elles aussi, parfaitement faire pipi debout. Marianne Grabrucker, auteur de livres sur la parentalité, raconte qu'en été elle mettait une robe et pas de culotte à sa fille. Ainsi, l'enfant pouvait faire pipi dehors à tout moment, accroupie ou debout.

> **À LA DÉCOUVERTE DE SON CORPS**
> Tandis que les garçons et les hommes peuvent facilement voir leurs organes génitaux et comprendre leur fonctionnement, l'anatomie des petites filles est cachée. Beaucoup de femmes ne savent même pas à quoi elles ressemblent « là ». Or il faut savoir que dans ce domaine, les différences d'une femme à l'autre sont aussi marquées que pour tout autre trait physique.
> Chaque femme devrait se regarder, à l'aide d'un miroir, et permettre à sa fille de faire de même. Si cela l'intéresse, montrez-lui par où sort le pipi, ce qu'est le clitoris et par où naissent les bébés.

Le corps de chaque être humain est un véritable miracle et nos filles devraient en être conscientes avant que les médias et la publicité leur assènent leurs messages sur le type de corps que « préfèrent » les sociétés occidentales. Ce qui distingue le corps d'une femme de celui d'un homme est sa capacité à donner la vie en portant un enfant. C'est cela qui lui confère le droit au respect et à l'estime, et non sa ressemblance avec un sablier ou ses formes plus ou moins épanouies !

Pères et filles : qu'est-ce qui est acceptable ?

Beaucoup de pères s'interrogent sur le comportement physique qu'ils doivent avoir avec leurs filles, craignant d'être accusés de gestes déplacés. Qu'est-ce qu'un père peut faire avec sa fille et qu'est-ce qui est interdit ? Il existe une règle très simple, utilisée dans les thérapies familiales, et qui s'applique ici aussi : il faut toujours préserver la barrière des générations. Il est de votre devoir et de votre responsabilité, en tant qu'adulte, de fixer des limites. En tant que père vous devez faire preuve à l'égard de votre fille de toute la tendresse qu'elle souhaite et que vous souhaitez. Tout ce qui est amusant et agréable pour vous deux est acceptable, tant qu'il n'y a aucune ambiguïté. Si vous ressentez une excitation sexuelle en jouant avec votre fille, ce qui peut se produire, il est de votre rôle de père de poser des limites et de mettre fin au jeu. La sexualité des enfants et la sexualité des adultes ne doivent pas être mêlées, parce que les enfants ne savent pas toujours ce qui est bon pour eux. Ils sont tributaires de leurs parents. L'adulte porte toujours la responsabilité de l'enfant, parce qu'il a plus d'expérience de la vie que lui et qu'il est, dans tous les domaines, le plus « fort ».

Beaucoup de petites filles maîtrisent à la perfection l'art de la séduction, jouant d'un charme auquel il est difficile de résister. C'est précisément pour cela que les pères doivent fixer des limites claires, car ils sont responsables de leur enfant. Ne laissez pas votre petite fille vous mener par le bout du nez, mais ne la rejetez pas abruptement lorsqu'elle va trop loin. Si cela se produit, dites-lui clairement que vous ne voulez pas qu'elle fasse cela. De plus amples explications ne seront pas nécessaires.

UNE SITUATION ÉTRANGE ENTRE UNE MÈRE ET SON FILS
Une femme m'a raconté récemment que lorsque son fils avait six ans, il lui a demandé un jour, alors qu'ils étaient tous les deux dans la baignoire : « Maman, est-ce qu'on baisera un jour ? » Une fois passées la surprise et la confusion totales suscitées par cette question, elle lui a demandé ce qu'il entendait par là. Il lui a répondu qu'il voulait dire mettre son pénis dans son vagin. Affolée, elle est sortie de la baignoire et elle a cessé de prendre des bains avec lui. Lorsqu'elle m'a raconté l'anecdote, dix ans plus tard, elle m'a dit : « En fait, j'aurais dû lui répondre très calmement : "Non. ça, c'est une chose que je ne fais qu'avec ton papa". »

N'oubliez pas que les enfants ne sont pas sur terre pour nous donner du plaisir. Certains parents l'oublient malheureusement. J'ai reçu une jeune femme qui m'a raconté que son père l'obligeait à danser devant lui, parce que cela lui faisait plaisir ; or cela ne lui plaisait pas à elle. Un autre père voulait que sa fille lui fasse des câlins dans une certaine position alors qu'elle n'en avait pas envie. En forçant nos enfants à faire des choses qui nous font plaisir, contre leur volonté, nous leur signifions qu'on peut, pour son plaisir personnel, passer outre les souhaits d'un autre individu. Inutile de dire que ce n'est pas un message positif à véhiculer...

En conclusion, disons que tant que vous, le père, éprouvez de la considération pour votre fille et respectez sa personnalité, et tant que vous vous connaissez vous-même, avec vos atouts et vos faiblesses, il y a peu de risque que des comportements physiques déplacés se produisent entre votre fille et vous. Veillez simplement à préserver la barrière entre les générations, et donnez autant de tendresse à votre fille que vous le souhaitez.

Souhaitez-vous reprendre le travail ?

Les parents qui travaillent, et surtout les mères, n'ont pas la vie facile. Les femmes qui assument des postes à responsabilité dans une entreprise s'entendent demander : « Mais comment parvenez-vous à élever vos enfants ? » Alors que cette question est rarement posée aux hommes. Heureusement les choses changent, lentement. Je m'adresse d'abord aux mères dans ce chapitre, mais cela ne signifie pas que les pères ne sont pas concernés par les questions que je vais évoquer. Eux aussi sont en droit de se demander s'ils doivent prendre un congé pour s'occuper de leur enfant s'ils le désirent.

Afin de déterminer si vous souhaitez reprendre votre travail après la naissance, vous devez considérer plusieurs éléments. Avez-vous vraiment envie de reprendre le travail ? Reprenez-vous le travail pour des raisons financières, ou parce que vous craignez de passer pour une femme au foyer tributaire de son mari ? Votre vie professionnelle vous procure-t-elle beaucoup de plaisir ? Ou préféreriez-vous rester avec votre enfant ? Si vous reprenez le travail, quels sont les horaires qui vous conviendraient ?

Avant toute chose, souvenez-vous de la règle suivante : *des parents heureux ont toutes les chances d'avoir des enfants heureux.* Si vous êtes une mère insatisfaite, vos enfants s'en rendront vite compte – ce que vous avez peut-être déjà constaté dans votre quotidien à la maison. Si vous adorez votre travail et si vous avez l'impression, à la maison, d'être enchaînée à votre fille comme une esclave, réagissez. Mieux vaut chercher une personne compétente pour garder votre enfant, quelqu'un qui sera heureux de s'occuper d'elle, plutôt que de rester vous-même à la maison, à fondre en larmes en préparant la purée. Il n'est absolument pas *naturel* de passer des heures en huis clos à la maison avec son bébé. Autrefois, les enfants étaient toujours gardés et nourris par un *groupe* de femmes. Et celles-ci accomplissaient parallèlement d'autres tâches ménagères importantes. Cette organisation déchargeait les mères tout en fournissant aux enfants un espace propice aux expériences nouvelles et aux apprentissages de la vie en collectivité. Quelqu'un était toujours disponible pour consoler l'enfant et jouer avec lui. Et en cas de problème, maman n'était jamais très loin.

Dans les pays occidentaux, les femmes qui élèvent leurs enfants seules sont de plus en plus nombreuses. La plupart d'entre elles travaillent, par choix ou par nécessité. Que vous repreniez votre travail par obligation ou par choix, soyez sûre que votre activité professionnelle ne nuira pas à votre fille si vous l'habituez à une personne de référence qui s'occupera d'elle avec amour, dans la durée.

Organisez votre vie de manière à vous épanouir au mieux, que vous travailliez ou que vous ayez choisi de rester à la maison.

Les modes de garde

Si vous pensez (ou savez) que vous aurez besoin, à un moment donné, d'un mode de garde pour votre fille, inscrivez-vous dans une crèche ou une halte-garderie le plus tôt possible. Dans certains cas, vous devrez faire les démarches avant la naissance du bébé ! Établissez une liste de critères auxquels le mode de garde doit répondre avant d'aller vérifier sur place s'il est conforme à vos attentes. Voici quelques questions générales à se poser : les enfants ont-ils l'air heureux et occupés ? De quelle manière le personnel prend-il soin des enfants ? Auriez-vous envie d'aller dans ce lieu si vous étiez un enfant ?

Si vous décidez de ne pas mettre votre enfant dans une crèche ou si vous ne trouvez pas de place, vous pouvez le confier à une assistante maternelle, qui garde plusieurs enfants à son domicile, ou à une nourrice qui viendra chez vous. Cette dernière solution permet de ne pas arracher l'enfant à son sommeil pour l'exposer à l'agitation quotidienne de la vie active. Bien évidemment, ce choix est coûteux, mais vous conviendrez comme moi qu'une bonne nourrice qui garde votre enfant à votre place mérite une rémunération décente. Avant d'embaucher une personne, observez-la avec votre fille pendant un moment, puis laissez-leur le temps de s'habituer l'une à l'autre. Une fois qu'elles auront établi une relation stable, comparable à celle qu'un enfant entretient avec une grand-mère, une tante ou un oncle, vous pourrez aller travailler la conscience tranquille.

Bien évidemment, il serait formidable que le père de votre fille puisse la garder en votre absence. Toutefois, la conjugaison de divers éléments rend cette solution difficile à mettre en place :

• Beaucoup de pères ne souhaitent pas abandonner leur travail pour garder leur enfant.

• Les emplois à temps partiel pour les pères disposés à réduire leurs horaires sont rares.

• Comme la plupart des hommes gagnent plus d'argent que leurs compagnes, l'équilibre du budget interdit que le père s'arrête de travailler.

Dans beaucoup de cas, la situation financière de la famille ne permet même pas d'envisager l'une de ces possibilités. C'est fort dommage, parce que cela perpétue la « société sans pères » pour les générations à venir.

De nos jours, les parents sont confrontés à une difficulté supplémentaire : le rythme trépidant de la vie moderne laisse peu de place à la vie privée ; ils doivent donc accomplir de véritables prouesses pour éviter que leur couple pâtisse de ce manque de temps.

Beaucoup de femmes aimeraient travailler à domicile. Dans certaines professions, les technologies modernes le permettent d'ores et déjà. Cette possibilité est intéressante si vous parvenez à définir le nombre d'heures que vous voulez consacrer à votre travail (et à vous y tenir), et si vous savez fixer et appliquer vos propres règles concernant les heures dédiées au travail et celles dédiées à la famille. En revanche, si vous travaillez à la maison sans fixer de limites, votre fille et vous-même souffrirez de cette confusion des rôles, et à terme toute la famille en pâtira. Comme vous serez occupée par votre travail, votre fille ne sera pas suffisamment stimulée et n'aura pas de camarades avec qui jouer car vous n'aurez pas le temps de l'emmener au square ou d'inviter des enfants de son âge. Vous serez frustrée car vous ne pourrez consacrer toute votre attention à votre travail parce que vous serez constamment interrompue par les demandes de votre fille. Ainsi l'absence de limites clairement définies entre vie familiale et vie professionnelle – les deux domaines finissant par se confondre – aura des répercussions négatives sur l'équilibre de la famille.

Le choix de rester à la maison

Si vous choisissez de mettre temporairement votre vie professionnelle entre parenthèses pour vous consacrer à plein temps à votre famille, profitez de cette période de votre vie ! Vous découvrirez de nombreux moyens de déployer votre créativité : vous pourrez cuisiner, fabriquer des jouets, coudre des vêtements, décorer joliment votre intérieur, écrire, peindre, faire de la photo ou consacrer du temps à un hobby qui vous plaît. Vous rencontrerez dans votre voisinage des gens qui eux aussi ont de jeunes enfants. Vous prendrez également plaisir à passer du temps avec votre fille et à la regarder grandir. N'écoutez pas ceux qui affirment que vous êtes vieux jeu ou que vous mettez votre vie professionnelle en danger ; de nombreuses femmes ont fait le même choix que vous.

Vivre aux côtés d'un enfant est une expérience fabuleuse. Steve Biddulph, le célèbre thérapeute familial australien, est totalement opposé à l'idée que les parents fassent garder leurs enfants par des étrangers. Voici son credo : « À quoi bon avoir des enfants si c'est pour les faire garder par des étrangers ? Vivons-nous dans une société de coucous, où l'on place son petit dans le nid de quelqu'un d'autre ? » [13]

Des parents heureux ont toutes les chances d'avoir des enfants heureux

L'argent n'est pas la seule explication

Si la plupart des gens ont un mode de vie en grande partie déterminé par des impératifs financiers, il est injuste d'attribuer tous les problèmes des enfants et des familles au simple fait que beaucoup de mères travaillent à l'extérieur. Au demeurant, il existe des alternatives à l'approche matérialiste de notre société. Nous portons tous une part de responsabilité dans notre mode de vie, que nous soyons ou non parents. Il y a des enfants maltraités ou négligés dont les mères ne travaillent pas, notamment lorsqu'elles sont fatiguées, déprimées et incapables d'assumer leurs responsabilités. Pour ces enfants, l'un des modes de garde décrits plus haut serait salvateur. Il convient de s'interroger sur la nature profonde d'une civilisation qui pousse des parents à de telles extrémités. Si l'on compare notre vie à celles des populations des îles Trobriand, en Papouasie-Nouvelle-Guinée, par exemple, la réponse coule de source. Nous payons chèrement le prix de notre prétendue « civilisation » et sommes exténués et stressés par une société hautement performante et où tout va trop vite.

Nous, parents, portons en nous les germes d'une nouvelle culture. Nos enfants sont notre avenir. Quelles sont les compétences dont ils auront besoin ? Et dans quel contexte pourront-ils le mieux développer ces compétences ?

Permettez-moi de vous donner un conseil. Pour décider si vous allez reprendre ou non votre activité professionnelle, écoutez votre cœur, si votre situation financière le permet. Pensez à la manière dont vous organiseriez votre vie, si vous aviez le choix, pour qu'elle vous procure le maximum de satisfactions. À quoi aimeriez-vous que votre existence ressemble ? Laissez de côté tous les arguments rationnels et contentez-vous d'envisager cette vie imaginaire et idéale. Écrivez sur une feuille de papier tous les éléments qui la composent ou dessinez un diagramme, si cela vous paraît plus parlant. Transposez-vous mentalement dans cette existence : est-ce qu'elle fonctionne ? Est-ce cette vie-là que vous souhaitez ?

Ensuite, échangez avec des proches, parlez-leur de la vie que vous imaginez et efforcez-vous de trouver des solutions pour qu'elle devienne réalité, pas à pas. L'ouvrage de Barbara Sher, *Qui veut peut* (voir bibliographie) pourra sans doute vous aider dans votre démarche.

> **En bref**
> - Au cours des premières années de leur existence, les petites filles se développent plus rapidement que les petits garçons, physiquement, émotionnellement et intellectuellement.
> - Laissez votre fille découvrir son corps, de manière naturelle et sans restrictions.
> - Il est essentiel qu'entre les filles et leurs pères la barrière entre les générations soit toujours préservée.
> Cette règle est valable de manière générale pour les relations entre les enfants et leurs parents.
> - Lorsque vous déciderez si vous allez ou non reprendre votre activité professionnelle, souvenez-vous que des parents heureux ont plus de chances d'avoir des enfants heureux.

Tout près, trop près

« Ma fille Katie et moi étions au zoo de Chiang-Mai, dans le nord de la Thaïlande, et nous regardions les éléphants dans leur enclos, entouré par un mur en ciment. Katie avait alors environ deux ans, et je la portais sur mon bras droit. De la main gauche, je tendis une banane à un éléphant dans l'enclos. L'animal s'approcha. Dans les zoos occidentaux, il est interdit de nourrir les animaux, mais à Chiang-Mai, des marchands vendent des sachets de cacahuètes et des bananes pour que les visiteurs les nourrissent.

J'ai donné une banane à l'éléphante – je suis certaine qu'il s'agissait d'une femelle – qu'elle a délicatement glissé dans sa bouche. Puis elle a passé sa trompe par-

dessus le mur, pour en avoir une autre. Il me restait des bananes, mais je voulais regarder de plus près son extraordinaire trompe. C'était comme un gigantesque tentacule, couvert de petits poils durs et de quantité de rides. Je l'ai caressée. J'ai regardé dans le long tunnel étroit. J'ai soufflé doucement sur sa trompe, pour la taquiner puis je l'ai chatouillée en m'émerveillant de sa souplesse et de sa force, tout en me demandant combien de temps ma nouvelle amie me laisserait faire.

Effectivement, sa patience avait des limites. Brusquement, la trompe s'est déroulée et elle a entouré mon poignet gauche, avec une puissance inouïe et contenue. J'ai attendu un instant, puis j'ai tenté de reculer doucement ma main. L'éléphante a tiré dans la direction opposée, en faisant exactement le même mouvement que moi, mais avec une grande force. Je suis restée immobile, en me disant : "Bien, je suis livrée à une force de la nature, qui est en colère contre moi..."

À ce moment-là, j'ai croisé le regard de Katie, qui traduisait une vague inquiétude. L'éléphante, elle aussi, a regardé ma fille. Je me demande si elle s'est souvenue qu'elle aussi avait été une maman, avec ses imperfections, comme nous toutes. Et là, elle m'a relâchée.

"Donner encore une banane à l'éléphant ?" a demandé Katie.

"Si tu veux", ai-je murmuré. Et je lui ai donné toutes les bananes qui restaient. »

Mindy

CHAPITRE 4

SON UNIVERS ÉMOTIONNEL

Dans les deux chapitres précédents, nous avons vu comment gérer certains aspects pratiques de votre vie de parent. J'aimerais maintenant m'intéresser de plus près à la vie intérieure de votre fille, et notamment à l'un de ses aspects essentiels : son univers émotionnel, en perpétuelle évolution. Voyons tout d'abord comment aider votre fille à avoir une bonne image d'elle-même et comment préserver sa vie intérieure.

L'estime de soi, un facteur déterminant

Une bonne estime de soi est la meilleure protection que l'on puisse donner à une fille. Avoir une bonne estime de soi signifie que l'on se considère soi-même comme une personne de valeur, indépendamment de son apparence, de ses aptitudes ou de ses performances. Si vous avez le sentiment d'être important, vous vous imposerez et vous défendrez vos droits et votre corps. Le risque pour une femme d'être victime d'un acte de violence, qui est déjà très faible statistiquement, est encore plus réduit pour les femmes qui ont une bonne estime d'elles-mêmes – comme le montrent les recherches citées par Nicky Marone (voir encadré p. 93).

Lorsque j'étais enfant, je jouais souvent à « Qui a peur du grand méchant loup ? » avec mes amis. Les enfants étaient répartis en deux rangées, face à face. Le premier groupe criait :

« – Qui a peur du grand méchant loup ?
– Pas nous ! répondaient les autres en face.
– Et s'il vient ?
– Eh bien, qu'il vienne ! »

À ce moment, il fallait courir, le but du jeu étant d'aller dans l'autre camp sans se faire attraper. Malheureusement, ce jeu est passé de mode, mais toutes les petites filles qui y ont joué ont fait le même constat, agréable et exaltant : elles pouvaient prendre un risque et arriver au but en toute sécurité. Si votre fille pratique un sport collectif, elle fera des expériences comparables.

Laissez votre fille exprimer toute la gamme de ses sentiments, même ceux qui sont négatifs comme la jalousie, la colère ou la rage. L'agressivité n'est aucunement répréhensible, car elle peut aider l'individu à s'imposer et à s'affirmer dans la vie. Les femmes ont parfaitement le droit de ressentir jalousie, colère ou rage et doivent leur laisser libre cours. Autrefois, les filles n'avaient que rarement le droit de se défendre, de parler fort ou d'être passionnées, ce qui était très néfaste. Exprimer ses véritables sentiments est essentiel pour la santé. Apprenez à votre fille qu'elle a le droit de dire « non » et de décider ce qu'elle fait de son corps. Ce principe s'applique aussi à des actes anodins de la vie quotidienne : ne lui demandez pas constamment de venir vous faire des baisers si elle n'en a pas envie et ne l'obligez pas à venir sur vos genoux si elle ne le souhaite pas à ce moment précis.

Ne surprotégez pas votre enfant

Dans le cadre des stages de formation pour éducatrices que j'assure, je rencontre beaucoup de parents qui m'expliquent qu'ils accompagnent systématiquement leurs enfants à leurs loisirs et qu'ils viennent ensuite les chercher, de peur que ceux-ci subissent des agressions sexuelles. Cette attitude est parfaitement compréhensible et souvent justifiée car le monde qui nous entoure est parfois violent. Toutefois, il y a sans doute aussi des situations où les enfants pourraient tout à fait aller à leur activité et en revenir à pied ou en empruntant les transports en commun, en toute sécurité. Nous devons admettre qu'il est impossible de protéger nos filles de tous les dangers de ce monde. C'est pourquoi notre rôle est de les préparer à affronter le monde extérieur sans surveillance. Et l'un des moyens les plus sûrs d'y parvenir consiste à leur apprendre à crier, à donner des coups de pied et à se défendre. Dans certains cas, nos inhibitions ne font qu'accroître le danger. Pour illustrer ce phénomène, Nicky Marone, une psychologue qui a écrit plusieurs ouvrages, cite une étude dans laquelle des chercheurs ont filmé des piétons marchant dans les rues de New York[14]. Ce film a ensuite été montré à des criminels, à qui on a demandé quelles personnes ils choisiraient comme victimes. Les résultats étaient sans équivoque : les personnes sélectionnées étaient toujours les mêmes. Elles se caractérisaient par leur langage corporel inhibé, traduisant de la fragilité, peu d'assurance et, de manière générale, un manque de confiance en soi.

Le meilleur moyen de préserver votre fille de la peur et du danger est de lui permettre d'avoir une bonne estime d'elle-même. De nombreux moyens peuvent l'aider à atteindre cet objectif, et vous pouvez commencer à y travailler dès sa naissance.

Les pères et l'estime de soi

Les pères peuvent beaucoup pour l'estime de soi de leurs filles. Une fille qui se sent aimée, respectée et considérée par son père reçoit un cadeau extrêmement précieux. Attention ! Une fille doit pouvoir sentir cet amour et ce respect à travers l'attitude de son père. Les mots, lorsqu'ils sont en contradiction avec les actes, ne servent à rien. Un père qui affirmerait à sa fille qu'elle est formidable tout en lui demandant pourquoi elle n'a pas eu une meilleure note en anglais ou pourquoi elle n'a pas sauté plus haut n'est pas crédible. Consacrez du temps à votre fille, louez ses réussites et apprenez-lui ce que vous seul, son père, pouvez lui enseigner. Peu importe la nature de vos compétences, je vous assure qu'elles seront précieuses à votre fille !

MON PÈRE À MOI

J'ai eu un père très aimant. Je peux donc vous dire comment j'ai ressenti cet amour. Il conservait précieusement mes dessins d'enfant, comme s'il s'agissait de véritables trésors. Il allait souvent se promener avec moi en me donnant la main. Aujourd'hui encore, je me souviens de cette sensation extraordinaire.

Il me lisait des contes et des histoires et ceux-ci sont encore présents dans ma mémoire. Il m'a montré et expliqué un nombre infini de choses sur les animaux et les plantes, et je me rappelle un grand nombre de ces explications. Mon petit frère et moi avions le droit de rester sagement dans son bureau pendant qu'il travaillait. Cela nous donnait le sentiment d'être importants. Il nous chantait des chansons et il jouait avec nous ; toutes ces scènes sont gravées dans ma mémoire. ▶

> Plus tard, il s'est efforcé de m'aider à faire mes exercices de mathématiques, en vain ! Il a dactylographié mes compositions et il les a conservées. Il allait voir mes professeurs et il parlait avec eux, aussi longtemps que cela était nécessaire. Il était toujours disposé à répondre à mes questions, ou à chercher la réponse s'il ne la connaissait pas. Il s'est efforcé de me préserver des dangers et il m'a toujours donné son avis, souvent sans que je le sollicite. Je ne souhaitais pas toujours entendre ce qu'il avait à me dire, et il m'est arrivé de lever les yeux au ciel. Toutefois, je sais aujourd'hui qu'il avait raison pour la plupart des questions.

Encouragez votre fille, souvent, et dès son plus jeune âge

Vous pouvez renforcer l'estime de soi de votre fille dès son plus jeune âge. Ainsi, ne vous précipitez pas à son secours dès qu'une difficulté se présente, laissez-la plutôt trouver des solutions toute seule et éventuellement « échouer », puis réessayer. Imaginons qu'elle empile des cubes : sa tour s'écroulera si elle est trop haute et pas suffisamment stable. Au bout d'un moment, votre fille saura quelle hauteur la tour peut atteindre sans risquer de s'écrouler (accessoirement, les jeux de construction avec des cubes stimulent également l'imagination spatiale de l'enfant). De la même manière, il est parfaitement normal qu'un enfant qui apprend à marcher tombe ; laissez votre fille tomber et se relever, aussi souvent que cela est nécessaire. Ces expériences sont indispensables, pour les garçons comme pour les filles, car elles renforcent leur confiance en eux et leur assurance.

Observez votre fille et efforcez-vous de découvrir ce qui l'intéresse, ce qu'elle aime faire et ce qu'elle sait faire. Encouragez-la dans les activités qui lui plaisent et incitez-la à en essayer de nouvelles. Mais souvenez-vous aussi que tous les encouragements du monde ne transformeront jamais un enfant réservé en casse-cou. De la même manière, un casse-cou ne deviendra jamais réservé.

Si vous regardez attentivement votre fille dès son plus jeune âge, si vous la portez souvent dans vos bras et si vous la touchez tendrement, si vous lui parlez, si vous l'écoutez et si vous prenez ses besoins au sérieux, elle se sentira aimée et choyée. Pour avoir une bonne estime de soi, un enfant doit sentir l'amour inconditionnel de ses parents, un amour fondé non pas sur son apparence ni sur ses performances, mais sur sa valeur en tant qu'être humain.

Ainsi, l'estime de soi de votre fille s'accroîtra, même si elle essuie des échecs ou si elle n'est pas aussi gaie que vous l'espériez, ou si elle n'a pas l'apparence que vous escomptiez. Son estime d'elle-même s'accroîtra tant qu'elle pourra se dire avec certitude : « Mes parents m'aiment telle que je suis. »

Comment une enfant sait-elle que ses parents l'aiment ? En sentant qu'ils prennent soin d'elle, qu'ils lui consacrent du temps, qu'ils s'intéressent à ce qu'elle fait et qu'ils expriment leur affection. Ce qui est somme toute assez simple, non ? Il suffit de traiter votre enfant comme votre meilleur ami, c'est-à-dire avec respect et dignité. Lorsque votre fille tracera son premier trait, félicitez-la. Votre joie l'incitera à continuer, voire à essayer autre chose ; peut-être ne tardera-t-elle pas à dessiner son premier cercle ! Tous ces encouragements et toutes ces félicitations constituent des étapes de son développement.

> **QUAND LES PÈRES JOUENT AVEC LEURS FILLES**
> Dans le cadre d'une étude, des chercheurs ont demandé à des pères de faire des puzzles avec leurs fils et leurs filles. Lorsque les petits garçons faisaient des colères parce qu'ils n'y parvenaient pas, les pères ignoraient la crise et continuaient à chercher une solution avec l'enfant. Mais quand les filles commençaient à pleurer, les pères les consolaient en leur disant : « Mais ça n'est pas grave, ma chérie ! » De même, les pères aidaient davantage leurs filles.
> Les petites filles qui font de nombreuses expériences de ce type risquent, à terme, de fournir moins d'efforts, certaines peuvent même donner l'impression de baisser les bras. En s'efforçant de faciliter la tâche aux filles, sans les laisser réfléchir au problème pour en trouver la solution, on ne les aide pas à améliorer leur estime de soi. Comportez-vous avec votre fille comme vous le faites avec votre fils (ou comme vous le feriez si vous en aviez un). Laissez-la, par exemple, trouver toute seule comment les pièces du puzzle s'assemblent. Au bout d'un moment, elle trouvera la solution, comme les petits garçons, et elle en tirera de la fierté.

Laissez libre cours à l'imagination et à la créativité de votre fille. Les critiques, les jugements négatifs, les remarques ironiques et dévalorisantes et le fait d'ignorer un enfant sont négatifs. Ces atteintes à l'estime de soi d'un enfant, que pratiquent souvent les adultes, et même, malheureusement, les enseignants, peuvent avoir des conséquences catastrophiques à long terme.

J'aimerais en profiter pour rappeler que la télévision est néfaste pour les enfants en bas âge. Tout d'abord, elle les empêche d'être actifs. Or c'est en étant actif que l'on développe son estime de soi. Ensuite, le flot d'images déversé par la télévision entrave la création d'images intérieures chez l'enfant et réduit son imagination et sa vie imaginaire. Or l'imagination est la base de toute intelligence créative.

Plus un être humain est créatif, plus il a une bonne image de lui. C'est pour cela qu'il est si important de ne pas donner aux enfants trop de jouets tout faits. Mieux vaut les laisser construire des choses eux-mêmes et faire leurs propres expériences. À ce propos, l'écrivain suédoise Astrid Lindgren a écrit une très jolie histoire, *La princesse qui ne voulait pas jouer*, dans laquelle une princesse gâtée s'ennuie à mourir dans son château. Elle est entourée de jouets mais elle ne sait pas jouer. Lorsque Maja, une petite fille dotée d'une imagination débordante, qui sait jouer, arrive avec sa poupée en bois toute simple, elle entame un jeu extraordinaire pour toutes les deux.

Aujourd'hui, dans certains pays, des écoles maternelles instituent des journées sans jouets. Les instituteurs savent que les enfants trouvent de bonnes idées tous seuls et arrivent à s'amuser avec des objets, du papier, de la colle et des matériaux naturels, comme du sable, de l'eau, du bois et des cailloux.

Les enfants qui parviennent à s'occuper avec peu d'objets et qui apprennent qu'ils peuvent influer sur le cours des événements grâce à leurs actes deviennent des adultes qui ont confiance en eux, qui sont forts sur le plan émotionnel et qui donc risquent moins que les autres de devenir les victimes sans défense d'agressions du monde extérieur.

Gérer les peurs

À un moment ou à un autre, tous les enfants éprouvent de la peur. Toutefois, les hommes ne sont pas censés montrer qu'ils ont peur, tandis que les femmes, et plus particulièrement les petites filles, sont autorisées à le faire ; ce qui explique sans doute qu'elles reconnaissent plus volontiers leur peur que les garçons et les hommes.

Jerome Kagan, professeur de psychologie à l'université Harvard, s'est intéressé aux peurs des filles et des garçons dans une étude longitudinale (étude portant sur un groupe d'enfants durant plusieurs années)[15]. Il a constaté que dès l'âge d'un an, les filles ont plus peur que les garçons. Tandis que les bébés des deux sexes réagissent de la même manière aux *stimuli* nouveaux et inconnus (odeur forte, ou mobile aux couleurs vives) – avec de la curiosité mais sans peur –, les enfants de quatorze mois réagissent très différemment selon leur sexe. Les plus craintifs, essentiellement des filles, ont un rythme cardiaque accru, des taux élevés d'hormones du stress dans le sang, des visages plus tendus et les pupilles dilatées. Tous ces signes sont révélateurs d'une activité de l'amygdale, une zone en forme d'amande localisée dans le système limbique du cerveau, qui enregistre et déclenche la peur. En raison de l'effet apaisant des androgènes (hormones mâles) sur les cellules nerveuses de l'amygdale, les garçons ressentent moins la peur.

Toutefois, Kagan estime aussi qu'indépendamment des différences biologiques, la peur excessive des filles est souvent liée à l'attitude surprotectrice de leurs parents et de leur entourage. L'enfant à qui on laisse faire des expériences parfaitement normales, qui peuvent inclure des accidents, comme des chutes ou des glissades, apprend à gérer ces mésaventures de manière naturelle, qu'il s'agisse d'un garçon ou d'une fille.

On a constaté que les parents incitent leurs petites filles à abandonner certaines activités, jugées trop dangereuses ou inadaptées à leur sexe. Par exemple, on dit aux petits garçons de se protéger contre quiconque fait preuve d'agressivité à leur égard, alors qu'on explique aux filles qu'il faut accepter les événements et endiguer toute agressivité.

Affrontez vos peurs. Rien ne sert de les réprimer

Accepter ses sentiments

La colère est un sentiment universel, qui joue un rôle important : elle nous aide à prendre nos responsabilités et à agir ; en d'autres termes, elle donne du courage. Réprimer toute colère est mauvais pour la santé. Tôt ou tard, les colères réprimées ressurgissent sous forme de maux de ventre, de tête, ou sous forme de peur. Nos « mauvais » sentiments, ceux que nous ne sommes pas censés éprouver, reviennent dans notre inconscient, souvent sous forme de monstres ou du « grand méchant loup ».

Commé tous les sentiments, la peur a une raison d'être et une finalité : elle nous incite à prendre soin de nous et à admettre la réalité d'une situation dangereuse. La peur nous aide à nous préparer à des situations difficiles ou inconnues. Au lieu de nous laisser submerger par la peur et d'être paralysé jusqu'à en devenir impuissant, nous pouvons aussi nous servir de cette peur. La peur est une énergie qui peut aider à résoudre un problème ou à affronter une tâche.

> **COMMENT GÉRER UNE SITUATION NOUVELLE QUI FAIT PEUR**
>
> Imaginons que vous devez emmener votre fille chez le dentiste pour la première fois. Il est parfaitement normal qu'elle appréhende une situation nouvelle. Dites-lui : « Je comprends que tu aies peur. Quand on fait quelque chose de nouveau, ou qu'on s'apprête à le faire, on a peur. C'est exactement pour cette raison qu'il faut le faire. Ce n'est qu'en faisant ce qui fait peur que l'on surmonte sa peur. » Expliquez-lui que ce sentiment nous aide à nous préparer à une situation nouvelle. « Oui, j'ai peur, mais je vais le faire » est une phrase très importante, parce qu'elle nous rappelle notre force. Expliquez-lui ce qui va se passer chez le dentiste. Une fois la visite terminée, avec succès, votre enfant se sentira plus forte et pourra se dire : « C'est terminé et j'ai réussi, malgré mes réticences. J'ai surmonté ma peur ! » Quel sentiment extraordinaire !

Plus votre fille vivra des expériences positives de ce type, plus elle saura gérer sa peur. Rappelez-lui qu'elle ne voulait pas faire du vélo, mais qu'elle a appris à en faire et qu'elle peut partir en balade avec vous ; qu'elle avait peur de l'eau mais que maintenant elle adore nager ; qu'à trois ans elle ne voulait pas aller à l'école mais qu'aujourd'hui elle y va avec plaisir.

Comment diminuer les peurs

Hormis la mise en situation, comme nous l'avons vu dans l'encadré plus haut traitant d'une visite chez le dentiste, vous pouvez faire différentes choses qui seront positives pour votre fille et qui l'aideront à gérer ses peurs :

- Améliorez ses aptitudes physiques. En découvrant sa force, elle apprendra aussi à maîtriser son corps, ce qui lui donnera confiance en elle. Cette confiance physique contribue à son tour à réduire la peur (voir p. 188). L'amélioration des aptitudes physiques peut commencer par des jeux tout simples auxquels les pères, en particulier, aiment jouer avec leurs filles – par exemple les soulever en l'air et les faire « voler » –, puis se poursuivre par des chahuts ou des bagarres amicales et la pratique d'un sport tel que l'équitation. La gymnastique est aussi un excellent moyen d'améliorer les aptitudes physiques d'un enfant. Il existe certains exercices très faciles à effectuer avec lui. Si vous avez plusieurs enfants, veillez à ne pas faire de comparaisons entre eux ! Soyez attentif à ce que l'enfant aime faire et agissez dans ce sens, en l'encourageant à pratiquer des exercices qui renforceront ses aptitudes.

- Le chant est également un bon moyen de renforcer sa confiance en soi et de surmonter sa peur. Si vous chantez souvent avec votre fille, simplement pour le plaisir, elle possédera un répertoire de chansons qui pourront lui être utiles dans de nombreuses situations. Il existe des CD et des cassettes destinés à aider les enfants à surmonter leurs peurs. Ne laissez pas votre fille les écouter seule : chantez-les ensemble, à haute voix. À chaque fois que votre fille aura le sentiment d'avoir accompli quelque chose, sa confiance en elle s'accroîtra et ses peurs s'estomperont.

• Les exercices de relaxation permettent, eux aussi, de gérer les peurs. Un individu qui sait se détendre parvient plus facilement à affronter des situations générant de la peur. Lorsque vous racontez une histoire à votre fille, le soir, avant qu'elle s'endorme, vous pouvez également faire avec elle un voyage imaginaire ou des exercices de relaxation. Cela lui donnera un bagage précieux qui l'accompagnera sur le chemin de la vie. Vous pourrez vous inspirer de livres proposant des exercices de relaxation et recourir aux nombreux ouvrages illustrés racontant des histoires d'enfants ayant surmonté leurs peurs.

Les peurs des parents

Tous les parents ont peur pour leurs enfants. Et c'est normal : ils connaissent tous les dangers auxquels leur progéniture est exposée de nos jours. Dans une certaine mesure, cette peur est bénéfique, car elle les incite à prendre leur rôle de parent au sérieux et à protéger leurs enfants. Il faut attacher les enfants en voiture, ranger les produits d'entretien hors de leur portée, veiller à ce qu'il n'y ait pas d'eau bouillante ni de boissons chaudes à proximité, clôturer les piscines, etc. Les parents responsables sont conscients de tous ces dangers, ce qui malheureusement n'empêche pas des accidents de se produire dans la plupart des foyers.

Cependant, il est important de comprendre que les enfants courent davantage de risques d'avoir des accidents lorsque leurs parents les protègent perpétuellement, les empêchant de faire leurs expériences. Ainsi, un enfant doit apprendre à tomber : tomber est une expérience importante et nécessaire pour lui !

La meilleure chose à faire pour protéger un enfant, c'est de lui montrer tous les dangers qu'il peut rencontrer dans la vie quotidienne. Montrez à votre fille comment ouvrir et fermer une porte, et quelles sont les parties de la porte dans laquelle ses petits doigts risquent de se coincer. Apprenez-lui à ouvrir et à refermer un tiroir. Montrez-lui, en faisant très attention, que la flamme d'une allumette et une théière dans laquelle on vient de verser de l'eau bouillante brûlent, qu'un couteau coupe, et qu'il vaut mieux glisser du canapé les jambes en premier, plutôt qu'avec la tête. En réalité, un enfant qui a le droit de grimper aux arbres, de se rouler dans l'herbe, de faire l'équilibriste, de patauger et de marcher à reculons est protégé. Les enfants apprennent par l'expérience, et le meilleur moyen de prévenir les accidents consiste à leur permettre de faire leurs expériences dans un environnement protégé.

LES ENFANTS COURAGEUX ET CEUX QUI LE SONT MOINS
Vous avez certainement déjà remarqué que certains enfants sont prudents, alors que d'autres sont de vrais casse-cou, quel que soit leur sexe. Il faut encourager les enfants prudents et les inciter à faire leurs expériences. Les casse-cou, eux, doivent pouvoir faire les expériences dont ils ont besoin et qu'ils meurent d'envie de faire, mais dans un environnement protégé. ▶

> Votre fille est une vraie fonceuse ? Soutenez-la ! Encouragez ce talent naturel, même s'il n'est pas conforme à l'image traditionnelle d'une fille ou à votre propre conception de la féminité. Les parents qui cultivent les points forts de leur enfant ont la tâche plus facile que ceux qui s'efforcent de supprimer ses défauts. Profitez pleinement de l'euphorie à l'état brut que lui procure son énergie !
>
> Votre fille apprendra à effectuer toutes les activités qu'elle a le droit de faire. Je rappelle que tout apprentissage est une source de fierté, sentiment qui est la base d'une bonne estime de soi, solide et forte. C'est la meilleure garantie que votre enfant ne deviendra ni l'auteur de délits, ni une victime. En effet, les coupables et les victimes ont ceci en commun qu'ils ont une mauvaise estime d'eux-mêmes. Mais je reviendrai plus tard sur ce point.

Les peurs des dangers spécifiques aux filles

En tant que parent il est très difficile de se défaire des peurs des dangers guettant spécifiquement les filles. De temps à autre, ces peurs ressurgissent, notamment lorsque vous apprenez en écoutant les informations qu'une jeune fille ou une petite fille s'est fait agresser, violer, enlever ou assassiner. Les abominations que les hommes peuvent faire subir aux femmes – et ce que certains pères ont infligé à leur fille – hantent l'esprit de tous les parents.

Comment réagir et comment gérer ces sentiments ? Tout d'abord, affrontez vos peurs. Rien ne sert de les réprimer. Au contraire, examinez-les attentivement. Qu'est-ce qui alimente ces peurs ? Avez-vous vous-même subi des violences (sexuelles) ? Si oui, il serait bon d'en parler avec un thérapeute, pour éviter de transférer inconsciemment vos peurs sur votre fille. C'est le seul moyen de briser un cycle néfaste.

Si vous n'avez pas vous-même subi de violences, vos angoisses sont peut-être alimentées par des faits relatés par les journaux, les livres et la télévision. L'assassinat d'une petite fille fait la une des journaux. Or des enfants meurent tous les jours, d'accident ou de maladie, sans que la presse en parle. Par conséquent, nous savons bien que les médias déforment la réalité, et cette distorsion a sans doute en grande partie généré vos angoisses. La plupart d'entre nous prenons la voiture dès que nous en avons besoin, sans appréhension. Or nous savons pertinemment que la probabilité d'avoir un accident de voiture est beaucoup plus élevée que la probabilité d'être victime d'un acte de violence. C'est dire l'influence des médias.

Le Dr Margot Kässmann, évêque de l'Église protestante allemande, s'intéresse aux questions de société. Concernant les dangers qui menacent les enfants, elle a déclaré : « D'un côté, il est pesant de faire subir à l'enfant la peur permanente qu'il pourrait être victime d'un acte pédophile. D'un autre côté, en évitant d'en parler, on ne tient pas compte du fait que les auteurs d'abus sexuels et de viols sont souvent des proches de l'enfant et des amis de la famille. Nos peurs et nos précautions sont dirigées dans la mauvaise direction. On sait que la confiance en soi constitue la meilleure protection possible contre les agressions. C'est pourquoi il est si important de renforcer cette confiance, plutôt que de propager la peur, qui dévalorise l'individu [16]. »

> **PROFITEZ DU MOMENT PRÉSENT**
>
> Le risque de perdre un jour son enfant existe pour tous les parents à partir du moment où l'enfant vient au monde. Cette possibilité devrait nous inciter à penser que chaque journée passée avec notre enfant est une belle journée. Il ne saurait y avoir de meilleure protection que la confiance et la foi ! Chaque sourire partagé compte. Si vous saviez que votre enfant allait mourir demain, est-ce que vous vous comporteriez différemment aujourd'hui ?

Le problème de l'impuissance acquise

Des tests psychologiques ont démontré que les enfants ont différentes manières de réagir face à des difficultés, indépendamment de leur sexe. L'un de ces tests, réalisé avec des enfants d'intelligence et de niveau d'instruction comparables, a montré que devant une tâche difficile, certains enfants redoublent d'efforts, tandis que d'autres perdent leurs moyens et n'arrivent plus à gérer le problème, même s'il s'agit d'une difficulté qu'ils ont facilement réussi à surmonter précédemment.

Qu'est-ce qui explique ces différences ? Les enfants qui ont persisté se sont encouragés eux-mêmes. Après s'être trompés une première fois, ils n'ont pas baissé les bras et ils se sont dit qu'ils allaient y arriver. Tandis que les autres enfants se sont résignés à l'échec en se disant « Je n'y arriverai jamais ! », les premiers ont pensé : « Je vais réessayer, je finirai bien par y arriver ! » Pendant ce test, les filles étaient plus nombreuses à abandonner que les garçons, alors qu'elles étaient d'une intelligence supérieure à la moyenne du groupe.

Les résultats d'une autre étude vont dans le même sens [17]. Des chercheurs ont demandé à des filles et à des garçons pourquoi ils avaient obtenu de bons résultats à un examen donné. Alors que la plupart des garçons attribuaient leur réussite à leur intelligence et à leur travail, beaucoup de filles répondaient que l'examen était facile, c'est-à-dire qu'elles expliquaient leurs bons résultats par des circonstances extérieures favorables, et non par leurs capacités et leurs aptitudes. Inversement, les garçons attribuent plus volontiers leurs échecs à des circonstances extérieures, tandis que les filles se les imputent à elles-mêmes.

Ces études sont porteuses d'enseignements importants pour les parents. Lorsque votre fille commet des erreurs, encouragez-la à tirer les leçons de son échec : « Cela n'a pas marché, qu'est-ce qu'on peut en conclure ? » ; puis dites-lui : « Je suis certaine que tu peux y arriver, il doit y avoir une autre solution. »

« Je n'y arriverai jamais... »

L'impuissance acquise repose sur la conviction qu'il n'y a pas de lien entre vos actes et le résultat obtenu. Ce qui revient à se dire : « Quoi que je fasse, je n'y arriverai jamais ! » Cette phrase vous rappelle-t-elle quelque chose ? Regardez jouer un tout jeune enfant et vous verrez comme il prend plaisir à faire des expériences. Il s'amuse à trouver le bon trou dans lequel glisser une forme, à faire du bruit avec des couvercles de casseroles, à confectionner des pâtés de sable ou à grimper à une échelle.

Si les parents refrènent le besoin naturel d'exploration de l'enfant avec des commentaires tels que « Arrête, tu ne vas jamais y arriver » ou « Non, laisse ça, c'est trop difficile ! » l'enfant va se décourager de plus en plus puis se dire : « À quoi bon essayer, je n'y arriverai pas ! »

Les adultes, eux aussi, réagissent ainsi. Chaque individu interprète la réalité à sa manière. La plaisanterie suivante est très révélatrice : deux personnes se voient offrir du crottin de cheval pour leur anniversaire. La première est consternée et pense : « C'est toujours sur moi que ça tombe. » La seconde se dit : « Super, on vient de m'offrir un cheval. Le hic, c'est qu'il vient de s'enfuir. Vite, il faut que je le retrouve ! »

Les personnalités qui ne baissent pas facilement les bras et qui ont confiance en elles partent du principe que tout évolue constamment : je ne parviens pas à faire quelque chose aujourd'hui ? Soit, j'y arriverai demain. De plus, ces personnalités envisagent les problèmes comme des défis à relever et des difficultés à surmonter. Et lorsqu'elles échouent, elles ne s'en attribuent pas automatiquement la responsabilité : elles pratiquent plutôt la « réflexion latérale », en cherchant un moyen de contourner la difficulté ou des stratégies susceptibles d'aboutir à un résultat positif.

Les erreurs sont nécessaires. Il est important de ne pas porter un jugement négatif sur ses erreurs, mais de les envisager plutôt comme une incitation à découvrir des solutions créatives.

Pour cette raison, les parents doivent s'interroger sur la manière dont ils peuvent encourager leur fille et renforcer sa confiance en elle et ses aptitudes. Faites des commentaires positifs du genre : « Tu vas y arriver » ou

« Ça va marcher ». Ces remarques l'encourageront à persister et renforceront sa confiance en ses compétences, ce qui lui évitera d'adopter la posture humiliante et résignée de la victime.

Malheureusement, dans notre société, il est très courant de critiquer ses enfants et de les comparer à d'autres. Or les comparaisons ne motivent pas, elles découragent. Souvenez-vous de ceci : chaque enfant est unique et il possède son éventail propre de capacités, de connaissances et d'expériences.

Les filles et les animaux de compagnie : un duo gagnant

Beaucoup de filles – et aussi de garçons – adorent leur animal de compagnie, et ceux qui n'en ont pas rêvent d'en posséder un. Il est bon qu'un enfant soit habitué à côtoyer un animal et apprenne à en prendre soin. Comprenez-moi bien : je ne cherche à vous convaincre d'adopter un animal si vous n'en voulez pas ! Dans ce cas, il ne serait probablement pas bien traité. En revanche, je puis vous assurer qu'un animal enrichira considérablement votre vie, pour peu que vous soyez disposé à vous en occuper.

Si votre fille exprime le souhait d'avoir un animal, sachez simplement qu'elle ne pourra pas s'en occuper toute seule avant l'âge de huit ans. Si vous lui offrez un animal plus tôt, vous devrez constamment l'aider à prendre soin de lui et lui rappeler ses obligations.

> **LES ANIMAUX À L'ÉCOLE**
>
> Si vous décidez de ne pas avoir d'animal à la maison, pourquoi ne pas proposer à l'école de votre fille d'en adopter un ? Cela se pratique d'ores et déjà dans de nombreux établissements : cette requête n'est donc pas totalement fantaisiste. Je connais une école où dès que sonne l'heure de la récréation, les filles se précipitent pour aller voir les lapins, les cochons d'Inde et même les chevaux, tandis que les garçons jouent au foot. La présence des animaux a un effet secondaire positif : les agressions et les actes de violence dans l'école sont nettement inférieurs à la moyenne !
>
> Après l'école, on voit toujours des parents qui restent un moment dans la cour, pendant que leurs enfants s'occupent des animaux. Dans l'école où enseigne mon frère, il y a des plantes, des souris, des poissons et d'autres animaux. C'est un groupe d'élèves qui s'en occupe : les filles y sont plus nombreuses que les garçons.

Si vous avez appris à prendre soin d'un animal, il vous sera facile de vous occuper d'un enfant plus tard. En observant étroitement un animal – ce que l'on fait lorsqu'on s'occupe de lui –, on gagne en sensibilité. L'animal donne également beaucoup en retour : il ne vous rejette pas, contrairement à certains êtres humains, et il vous aime de manière inconditionnelle. Pour l'enfant, cette expérience peut être marquante et gratifiante.

Les filles et les chevaux : une relation privilégiée

Pendant les années d'école maternelle et primaire, les filles et les garçons sont pareillement attirés par les chevaux et les autres animaux. Toutefois, à la pré-adolescence, un véritable engouement pour les chevaux gagne les filles. Les fabricants de jouets ont créé de nombreux jouets représentant des chevaux, car dans un premier temps, ces jouets font le bonheur de beaucoup de filles. Ils leur permettent d'établir un lien avec ces animaux au niveau symbolique. Dans leurs jeux avec des chevaux, les petites filles peuvent exprimer tout ce qui les touche, les chagrine ou les préoccupe. Entre six et treize ans, ma fille et l'une de ses amies étaient capables de jouer une journée entière avec des figurines de chevaux ; seuls les repas venaient interrompre leur jeu.

Lors d'autres jeux tout aussi intenses, ma fille se glissait dans le rôle du cheval.

Plus tard, les filles se passionnent pour les chevaux en chair et en os. Tandis que les concours hippiques de haut niveau concentrent une majorité d'hommes, les clubs d'équitation et les écuries sont fréquentés par un plus grand nombre de filles et de femmes que de garçons et d'hommes. Pourquoi les chevaux exercent-ils une telle fascination sur les filles ?

Dans de nombreux mythes et récits qui ont traversé l'Histoire, le cheval a été le compagnon de l'homme. Exception faite du chien, aucun autre animal n'a autant servi l'homme que le cheval, ce qui reste vrai de nos jours. Lorsque les chevaux ont cessé d'être utilisés dans l'agriculture, dans les années 1950, qui aurait pu prévoir qu'ils seraient aussi nombreux cinquante ans plus tard ? Le cheval est un symbole archétypal, un animal avec lequel l'être humain établit une communication privilégiée. L'équitation implique une communion intellectuelle avec le cheval, un contact physique étroit et de la confiance.

Dans la mythologie, différents types de chevaux existent : le cheval ailé qui conquiert le temps et l'espace et qui maintient le contact avec les dieux, la licorne, d'une beauté sublime et majestueuse, et le centaure, doté d'un corps de cheval et d'une tête et d'un buste d'homme – que l'on peut interpréter comme la symbiose de l'animal instinctif et de l'être humain rationnel.

Peut-être les chevaux sont-ils particulièrement adaptés pour symboliser et incarner les désirs et les angoisses des filles ? Il est certain que les filles laissent les chevaux les accompagner, les consoler, les transporter (dans tous les sens du terme) et les encourager. Le fait de côtoyer cet animal est bénéfique pour elles. En apprenant à s'occuper d'un cheval, elles prennent confiance en elles, car cet animal, dont la force surpasse indubitablement la leur, se laisse guider par elles et leur obéit.

Le cheval renforce la volonté de sa cavalière et sa capacité à s'affirmer

> **CE QUE LE CHEVAL REPRÉSENTE POUR UNE FILLE**
> Dans l'un de ses ouvrages, la psychiatre allemande Dörte Stolle écrit : « Dans ses relations avec l'être humain, le cheval ne demande rien, il n'exige rien. À ses côtés, la fille peut se poser des questions telles que : "Qu'est-ce qui me convient ? Qui veux-je être ?" Et le cheval lui enseigne qu'il est possible d'accepter des compromis sans perdre sa dignité, et que la faculté d'adaptation n'est pas synonyme de soumission. Des qualités qui paraissent opposées à première vue – grande taille, force et rapidité ▶

> contre soumission et obéissance – peuvent parfaitement être conciliées, ce que démontre ce compagnon puissant qui encourage la jeune cavalière à les essayer elle-même. »
>
> Par conséquent, la fille apprend que des comportements comme l'empathie et la douceur, associées à leurs contraires, comme l'affirmation de soi et l'exercice du pouvoir, fonctionnent pour le cheval, pour la cavalière qu'elle est et pour elle dans sa vie en général. Le cheval renforce la volonté de sa cavalière et sa capacité à s'affirmer, parce que avec cet animal il faut perpétuellement s'imposer, tout en s'occupant de lui et en se conformant à certaines règles. De plus, le contact avec la monture améliore la perception corporelle, la coordination des mouvements et l'équilibre.
>
> « Il semblerait que le cheval soit adapté pour transmettre aux filles, de diverses manières, l'élan nécessaire à leur transition dans la vie d'adulte, ajoute Dörte Stolle. En montant cet animal chargé de symboles et en s'occupant de lui, elles se sentent protégées et en sécurité, tout en découvrant aussi l'autonomie et la puissance [18]. »

Apprendre à monter à cheval

Dès l'âge de cinq ans, une petite fille peut commencer à faire de l'équitation dans un poney-club. Elle prendra progressivement de l'assurance, ce qui lui permettra de monter et de diriger un cheval. De plus, de nombreux clubs hippiques et écuries sont ravis de voir des enfants participer aux soins des chevaux.

Certains clubs hippiques accueillent des enfants handicapés, souvent avec d'excellents résultats. Même les enfants atteints de handicaps lourds se détendent en montant un cheval, dont ils apprécient la chaleur. Ils prennent plaisir à côtoyer cet animal et à sentir ses mouvements. L'équitation est également bénéfique pour les enfants souffrant de troubles du comportement ou de retards mentaux. En côtoyant des chevaux, ils apprennent à respecter des règles et ils sont responsabilisés.

Avoir son propre cheval

Si vous vivez à la campagne, vous possédez peut-être un cheval ou avez accès à une monture. L'entretien d'un cheval ou d'un poney n'est pas excessivement coûteux si vous avez la possibilité de le mettre dans une écurie avec d'autres chevaux. Comme à l'adolescence les filles commencent à s'intéresser aux garçons plus qu'aux chevaux, vous trouverez peut-être un cheval ou un poney pour un prix intéressant. Sachez toutefois que, outre les frais d'écurie, vous devrez prévoir un budget pour l'entretien des sabots et les frais de vétérinaire. Dans la plupart des cas, la meilleure solution consiste à partager un cheval avec plusieurs personnes.

Pour résumer : n'hésitez pas à encourager l'intérêt de votre fille pour les chevaux, car cette activité lui sera très bénéfique.

EN BREF
- L'estime de soi est la pierre angulaire du développement émotionnel de votre fille et l'aidera à vaincre ses peurs.
- Les filles qui ont de bonnes relations avec leurs ▶

pères ont davantage de chances d'avoir une bonne estime d'elles-mêmes.
- Les émotions dites « négatives », comme la peur et la colère, sont parfaitement normales et ne doivent pas être réprimées.
- Tous les parents veulent protéger leurs filles des dangers. Toutefois, pour leur permettre d'acquérir des compétences de « survie », il importe de ne pas les surprotéger.
- Évitez l'écueil de l'« impuissance acquise » ; incitez votre fille à croire en elle et en son aptitude à réussir.
- Les animaux de compagnie peuvent jouer un rôle important dans le développement émotionnel de votre fille et l'aider à développer son sens des responsabilités.

Dîner chantant

« Quand ma fille Tessa avait cinq ans, nous sommes allés dîner en famille dans un bar, où les enfants étaient admis dans certaines parties. Un karaoké s'y déroulait.
Des hommes et des femmes, pour la plupart passablement éméchés, se levaient à tour de rôle pour aller chanter leurs chansons préférées, avant de recueillir des applaudissements et de retourner à leur place pour boire. C'est alors que Tessa a décidé d'aller chanter. Elle a toujours adoré la musique, et, à l'époque, les Spice Girls étaient son groupe préféré. Sa chanson-fétiche des Spice Girls était « Stop ». Je suis donc allé voir l'organisateur du karaoké et, quelques chansons plus tard, le tour de Tessa arriva. Je voyais bien qu'elle était assez nerveuse, mais elle s'est dirigée vers la scène avec beaucoup de détermination, elle a pris le (gigantesque)

micro dans sa petite main et elle a chanté « Stop », en parfaite synchronisation avec la musique. À un seul moment, elle a oublié les paroles. Durant toute la chanson, elle n'a pas bougé d'un pouce. Elle était là, droite comme un i, regardant le mur d'en face et jetant de temps en temps un coup d'œil aux visages familiers de l'assistance. Lorsqu'elle a terminé de chanter, le public a applaudi à tout rompre.

Jamais de ma vie je n'ai chanté dans un karaoké et je ne pense pas que je le ferai jamais. J'étais extrêmement fier de ma fille et du courage dont elle avait fait preuve. Elle n'a jamais reculé devant un défi et elle a toujours été partante pour essayer des choses nouvelles. Puisse cela ne jamais changer ! »

Sean

Comme une éponge

« Notre fille est une véritable éponge. Depuis qu'elle est entrée à l'école, voici quelques mois, elle a appris un nombre considérable de choses. Hier soir, j'ai dit à mon mari, en langage crypté : "ça te dirait d'aller V.O.I.R. S.H.R.E.K. M.E.R.C.R.E.D.I. ?"

Ma fille s'est retournée et a dit d'un air entendu : "Oui, moi je veux bien aller voir Shrek mercredi."

J'ai regardé mon mari et je lui ai dit : "Elle est trop M.A.L.I.G.N.E. !"

Et ma fille de décréter : "Je suis maligne, hein ?"

Avait-elle deviné tout ce que nous nous étions dit ? Je n'en sais rien. Mais ce qui est sûr, c'est qu'elle est drôlement futée.

Je suis aussi fascinée par sa passion pour le dessin,

l'écriture et la création en général. Du lever au coucher, elle est perpétuellement en train de créer des choses, de poser des questions pour savoir comment réaliser telle ou telle activité, ou comment épeler tel mot, de manière à pouvoir réaliser une carte ou une lettre. J'espère que son bel enthousiasme pour la création et l'apprentissage ne s'estompera pas au fil des ans, parce que voir cette petite fille s'épanouir à vue d'œil est un spectacle dont je ne me lasse pas. »

Debbie

Chapitre 5

Comment la société conditionne les filles

Vous avez certainement déjà une idée de la manière dont se déroulera le premier jour d'école de votre fille. Sera-t-il facile ou non pour elle de faire son entrée dans la société ? Beaucoup d'enfants abordent cette situation avec plus de curiosité que d'anxiété. Pour d'autres, les choses sont plus difficiles et ils ont besoin de temps pour s'adapter. Il en va de même des pères et des mères : beaucoup de parents sont heureux que leur fille entre à l'école, tandis que pour d'autres la simple évocation de cette idée suffit à leur serrer le cœur.

Lorsque votre fille entrera à la crèche, elle aura la chance de bénéficier d'une véritable adaptation. Progressivement, elle prendra connaissance de son nouvel environnement et de l'adulte qui s'occupera d'elle avec l'un de ses parents. Elle aura ainsi plaisir à venir à la crèche. L'entrée à l'école maternelle ou à l'école élémentaire est plus brutale, l'enfant découvre son école, sa classe et son enseignant le premier jour. Il doit se séparer de ses parents et passer sans transition du monde familier de la maison à celui inconnu de l'école. L'école est une partie fondamentale de la vie de votre fille : le temps passé et les événements qui s'y produisent contribuent à la façonner. Votre fille s'y trouvera peut-être pour la première fois dans un groupe ou en compagnie de garçons. Elle y vivra de nombreuses expériences extraordinaires, mais y connaîtra aussi des déceptions et des conflits.

Depuis de nombreuses années, enseignants et parents s'efforcent de dépasser les stéréotypes en fonction du sexe dans les écoles. L'exemple suivant en démontre la nécessité : Éva, cinq ans, joue avec une balle. Arrive Lucas, un garçon du même âge, qui vient lui prendre sa balle. Éva se met à pleurer et va voir la maîtresse, qui lui répond : « C'est pas beau de rapporter ! »

Ici, l'enseignante a soutenu le comportement du garçon, sans s'intéresser à l'origine du conflit. La petite fille a été accusée et humiliée. Un autre enseignant, au contraire, aurait pu réagir en disant : « Oh la la, ces garçons ! C'est toujours la même chose », avant de punir Lucas.

Ces deux approches n'aident ni Éva ni Lucas mais ne font que renforcer les stéréotypes. Une enseignante plus subtile aurait incité Éva à se défendre en l'encourageant à récupérer la balle. Et elle n'aurait pas grondé Lucas pour autant : elle aurait discuté avec lui des solutions possibles pour qu'il joue avec la balle sans la prendre à Éva.

Comment réagir aux stéréotypes en fonction du sexe

Les parents peuvent veiller à ce que filles et garçons soient traités équitablement à l'école et s'assurer que les enseignants n'ont pas de conceptions rétrogrades des rôles attribués à chaque sexe. Lors des réunions parents-enseignants, les participants peuvent réfléchir ensemble aux solutions à mettre en œuvre pour faire de l'école un espace sans préjugés. Ces adultes ont la possibilité d'intégrer de nouveaux comportements et de nouvelles expériences à la vie quotidienne des enfants.

Les jeux de rôles sont particulièrement utiles à l'école, parce qu'ils permettent aux filles et aux garçons de découvrir des rôles qui sont à l'opposé de leurs rôles naturels. Toutefois, ces activités sont déconseillées aux enfants de moins de cinq ans, qui viennent de découvrir l'identité liée à leur sexe et qui ont besoin, parfois par l'intermédiaire de comportements partiellement exagérés, de « pratiquer » cette identité avant de pouvoir faire des expériences en toute sécurité.

Pour ma part, j'ai recueilli des expériences intéressantes en « mettant en scène » avec des enfants des contes et des livres illustrés. Quand les jeux de rôles ne s'inscrivent pas dans le cadre d'une production formelle ambitieuse et stressante, mais qu'ils restent ludiques, tous les participants peuvent y prendre plaisir et en tirer des enseignements.

Il peut être utile, à certains moments, de séparer les filles et les garçons pour différentes activités, afin de les faire travailler en groupes du même sexe.

Attention ! L'idée n'est pas que les filles sont « meilleures » dans telle matière ou que les garçons font « mieux » telle activité. Imaginons par exemple que des garçons travaillent du bois sans les filles : si l'un d'eux se fait mal, les autres devront le consoler parce qu'il n'y aura pas de fille pour jouer ce rôle. Dans le groupe de filles, certaines découvriront peut-être leur dextérité manuelle, donnant ainsi l'exemple à leurs camarades. Cette méthode permet aux filles et aux garçons de dépasser les stéréotypes de sexe habituels.

Exprimer sa colère

Comme nous l'avons vu plus haut, les filles répriment souvent leur colère et leur agressivité et refoulent ces sentiments. Certaines filles retournent ces sentiments contre elles-mêmes, ce qui les incite à se déprécier et peut-être aussi à s'exprimer moins librement. Dans les cas les plus extrêmes, certaines vont jusqu'à se suicider. Un principe s'applique à toutes les filles (et à tous les garçons) : réprimer sa colère et son agressivité est malsain et a pour conséquence une mauvaise estime de soi, dont les répercussions touchent tous les aspects de la vie de l'individu. Aussi la réponse apportée par les enseignants aux problèmes anodins de cour de récréation opposant des filles et des garçons est-elle extrêmement importante et lourde de conséquences.

> **LES FILLES ET LES CONFLITS**
> « Si l'on encourage les filles, dès l'école maternelle, à identifier leur colère et à prendre ce sentiment au sérieux, et si on leur donne par exemple la possibilité d'évaluer leur force, elles apprendront que la responsabilité pour autrui et l'affirmation de soi vont de pair, tout comme l'harmonie et les conflits [19]. »
> Dörte Stolle

Les petites filles et leur entourage

Beaucoup de parents ont vu leur fille d'un an n'accorder aucun intérêt au petit camion apporté par le Père Noël et les efforts du papa pour rendre le jouet plus attrayant n'y ont rien changé. Pour la plupart des filles, les jouets de garçons sont inintéressants ; même les Lego hauts en couleur de mes trois fils ont laissé ma fille de marbre. Elle voulait des poupées et des chevaux !

La linguiste Deborah Tannen et de nombreuses autres chercheuses ont démontré que dès leur plus jeune âge, les petites filles ont un comportement différent de celui des garçons[20]. Pour les filles, les relations sociales sont extrêmement importantes, et dès l'âge de trois ans, elles sont nombreuses à avoir une « meilleure amie », ce qui traduit une certaine maturité. Qu'elle soit ou non amie avec telle ou telle enfant de sa classe compte énormément pour une petite fille. Lorsqu'on raconte à des fillettes de trois ans une histoire faisant intervenir des sentiments, ces dernières font preuve d'un mode de réflexion social clairement défini. Elles « comprennent » ce que sont les sentiments et de quelle manière ils peuvent affecter les personnes qui les éprouvent ainsi que leur entourage. Quand elles jouent en groupe, les filles s'efforcent de négocier des compromis et de tenir compte des sentiments d'autrui, afin de ne pas contrarier leurs amies. Au même âge, les garçons, quant à eux, se disputent souvent pour établir une hiérarchie.

En maternelle, Deborah Tannen a demandé à des binômes de meilleurs amis – deux garçons ou deux filles – d'emporter deux chaises dans une pièce vide et de s'occuper.

Les filles se sont aussitôt installées côte à côte et se sont mises à discuter en se regardant. Les garçons, eux, se sont amusés à installer les chaises à différents endroits. Ils ont eu des interactions verbales très courtes, échangeant à peine quelques regards.

Une autre différence de comportement repose sur la biologie. Dès que les filles savent qu'elles deviendront des femmes, elles s'intéressent à la maternité, aux bébés et aux soins à leur prodiguer. Je me souviens très bien de mes deux fils, vers deux ans, faisant mine d'allaiter leurs poupées. Mais ils ont cessé ces jeux et délaissé les poupées lorsqu'ils ont compris (assez rapidement) qu'ils ne porteraient jamais d'enfants.

Je tiens toutefois à souligner qu'il y a toujours des exceptions à ces règles. Toutes les filles ne s'intéressent pas aux poupées. Celles qui ont envie de jouer avec des jeux de construction, des petites voitures ou des grues doivent pouvoir le faire. Il n'est pas judicieux d'essayer d'influencer votre fille en l'incitant à s'intéresser à un jouet particulier. Au contraire : soutenez-la dans les activités qui l'intéressent. Donnez-lui des *stimuli* différents. Et partagez sa joie : c'est sa meilleure motivation.

DES JOUETS POUR LES PETITES FILLES

Voici une liste d'objets tout simples, que l'on trouve dans quasiment toutes les maisons.

Jouets de zéro à six mois

- Objets non toxiques : couvercles, tissus, torchons, objets en bois.
- Objets naturels : pommes de pin, pierres, feuilles.
- Objets de différentes formes : anneaux, cubes, tasses, perles.
- Jouets sonores simples : boîtes à musique ou balles qui font du bruit.
- Passoires, entonnoirs et eau.

Jouets de sept à douze mois

- Aliments naturels : carottes, bananes et pommes.
- Balles.   ▶

- Couvertures et tissus (pour ramper dessus), en coton, en laine, etc.
- Boîtes avec des couvercles à visser (assez grands pour que l'enfant ne puisse pas les mettre dans la bouche).

Jouets à partir d'un an
- Chariots à pousser et à tirer.
- Tunnels dans lesquels ramper.
- Draps pour construire grottes et cabanes.
- Balles et ballons.
- Carillons.
- Tambour simple.
- Jeux de construction en bois.

Jouets à partir de deux ans
- Accessoires pour jeux de rôles : chapeaux, sacs, porte-monnaie, surfaces planes pouvant servir de comptoir de magasin.
- Poupées, peluches.
- Craies grasses, grandes feuilles de papier.
- Marionnettes à main.
- Puzzles faciles.

Jouets à partir de trois ans
- Accessoires pour jouer des petites scènes, comme un théâtre de marionnettes, une ferme, un château.
- Ciseaux.
- Boîte de peinture, colle.
- Boîte à outils, établi.
- Cuisinière pour poupées.
- Mallette de docteur.

Et les poupées Barbie ?

Voici l'avis de l'écrivain Nicky Marone au sujet des poupées Barbie. Je la cite : « Barbie n'est pas qu'une simple poupée. C'est l'icône de la féminité moderne, une image sacrée tout droit sortie d'une imagination masculine qui se serait emballée. Elle entame la confiance en soi de nombreuses jeunes filles [21]. »

Barbie existe depuis quarante ans, avec le succès que l'on sait. Des millions de poupées Barbie se sont vendues dans le monde.

Par conséquent, il y a fort à parier que vous aussi, vous serez le parent d'une petite fille qui joue avec une poupée Barbie. D'ailleurs, peut-être cette poupée n'appartiendra-t-elle même pas à votre fille.

Barbie est l'incarnation de l'idée qu'un professionnel du marketing se fait de la femme idéale vue par l'homme moyen : jeune, mince, dotée de jambes interminables, d'une poitrine opulente et de longs cheveux blonds.

Alors, allez-vous autoriser votre fille à jouer avec une poupée Barbie ? Pour le moment, interrogez-vous sur vous-même. Enfant, aviez-vous une Barbie ? Avez-vous joué avec elle ? Vouliez-vous lui ressembler ? Et aujourd'hui, cherchez-vous à ressembler à Barbie ?

Nicky Marone écrit : « Le problème réside en partie dans notre conception de la beauté, qui est contradictoire. Si nous avions le choix, la plupart d'entre nous aimerions ressembler à Claudia Schiffer ou à Cindy Crawford. Par conséquent, la question n'est pas de vouloir ou non ressembler à Barbie, mais de *devoir* être aussi jolie. C'est à cette pression que nous résistons [22]. »

Intéressez-vous à votre propre idéal de la beauté avant de décider si, oui ou non, vous achèterez une Barbie à votre fille. La pression exercée sur les femmes pour être belles est si forte que la plupart des femmes se soumettent à ce diktat. Et, bien évidemment, nous transmettons à nos filles cette pression qui nous pousse à nous conformer à cet idéal.

Balayez les clichés

En définitive, libre à vous d'accepter ou de refuser d'acheter une Barbie. Si vous refusez, expliquez à votre fille pour quelles raisons. Et si vous en achetez une, ce n'est pas la fin du monde. Dans un cas comme dans l'autre, expliquez à votre fille ce que vous pensez des Barbie et les sentiments que cette poupée vous inspire. Montrez-lui par exemple que les Barbie les plus récentes ont des pieds tendus, spécialement conçus pour mettre des chaussures à talons, et expliquez-lui aussi tout ce qu'on ne peut pas faire avec des talons hauts. Attendez-vous toutefois à devoir déployer des trésors de persuasion, parce que ce qui plaît tant, chez Barbie, c'est qu'il s'agit d'une femme adulte, et non d'une petite fille comme les autres poupées.

Les petites filles s'intéressent aux femmes, auxquelles elles s'identifient. Alors si votre fille vous réclame une Barbie à cor et à cri, voici une suggestion pour transformer la poupée en un jouet valorisant pour les femmes : faites-en une exploratrice dirigeant une expédition, un pilote de ligne ou une scientifique lors des jeux que vous inventez avec votre fille. Ainsi, vous aurez au moins un peu d'influence sur les idées de votre enfant. Et peut-être réussirez-vous même à ébranler certains clichés. Les messages que Nicky Marone laisse sur le répondeur de Barbie vous donneront quelques idées : « Salut Barbie, c'est Mélissa. J'ai quelques questions à te poser concernant l'expédition de rafting que tu organises cet été. Quel est l'équipement dont je vais avoir besoin ? Dois-je prendre mon casque et mon gilet de sauvetage ? Et quoi d'autre ? » Ou bien : « Bonjour Barbie, vous vous souvenez peut-être de moi. Je suis le Dr Carol McIntyre, professeur de sciences de l'environnement à l'université de Stanford. J'ai appris récemment par une collègue que vous aviez inventé un nouveau type de pile solaire… [23] »

Alors, que faire concernant les poupées Barbie ? À vous de voir. Personnellement, je n'en ai pas acheté à ma fille, mais sa grand-mère lui en a offert une. Et si elle ne l'avait pas fait, Barbie aurait fait son entrée dans notre foyer de toute façon, grâce à l'argent de poche de ma fille. J'ai expliqué à ma fille pourquoi je n'aimais pas les Barbie, ce qui ne l'a pas empêchée d'adorer jouer avec la sienne. Et puis, un jour, sa passion pour les Barbie a cessé, mais peu de temps après elle s'est mise à porter des chaussures à talons. La conclusion s'impose d'elle-même : nous, parents, ne maîtrisons pas tout. Et c'est très bien ainsi. Toutefois, cela ne doit pas vous ôter le droit de donner votre avis : n'hésitez pas à le faire !

De l'importance des livres

De nos jours, les enfants côtoient très tôt d'autres enfants. Lorsqu'ils entrent à l'école primaire, ils sont nombreux à connaître très bien plusieurs autres familles. Des amitiés se nouent à l'école maternelle, les enfants invitent leurs amis à jouer à la maison, et ils vont parfois même dormir chez eux.

Ils peuvent aussi découvrir d'autres enfants et d'autres familles par l'intermédiaire des livres. Je souhaite rappeler ici l'importance des livres. Un livre illustré peut se regarder en silence, un nombre infini de fois, à chaque fois que l'enfant le souhaite. Et si le livre ne comporte pas d'illustrations, l'enfant dessinera les images accompagnant l'histoire, dans son esprit ou sur du papier. Dans un cas comme dans l'autre, c'est une activité créative. Les livres s'opposent en ce sens à la télévision, qui est un loisir passif.

Lorsque vous choisirez le premier livre illustré de votre fille, prenez un ouvrage très simple, avec un seul objet par page. Si vous aimez faire des choses de vos mains, pourquoi ne pas coudre vous-même des albums illustrés en tissu ? Votre fille pourra toucher les images et utiliser plusieurs sens en même temps. Choisissez des livres faisant intervenir des femmes. Toutefois, regardez-les attentivement avant de les acheter. L'image des filles ou des femmes représentées est-elle conforme à vos idéaux ? Repensez à votre propre enfance. Quelles étaient vos héroïnes alors ? De quels livres, films ou pièces de théâtre provenaient-elles ?

LES LIVRES-FÉTICHES DE MON ENFANCE

Quand j'étais petite, j'ai lu tous les livres d'Erich Kästner, avec leur cortège de filles à forte personnalité. *Annalouise et Anton* raconte l'histoire d'une petite fille extraordinaire dont la mère manque cruellement de sensibilité, tandis que *Deux pour une* (que ma sœur et moi adorions) retrace les nombreuses aventures de deux filles pleines d'intelligence et de vivacité. ▶

J'aimais et j'aime toujours les livres d'Astrid Lindgren, même si je les ai sans doute lus à voix haute une bonne vingtaine de fois. On y découvre *Fifi Brindacier*, qui ne fait que ce qui lui chante. Cette gamine effrontée est une libre penseuse, pleine d'humour et d'imagination. Et bien sûr, elle est forte, plus forte que n'importe quel homme. Dans *Children of Bullerbü,* Astrid Lindgren raconte sa propre enfance. Certes, les filles portent des robes, parce qu'on ne mettait pas de pantalons à l'époque, mais elles ne se laissent pas marcher sur les pieds par les garçons. En réalité, elles surpassent ces derniers à bien des égards et elles le savent. Et si le personnage le plus drôle et le plus inventif est Lasse, un personnage inspiré du frère de l'auteur, les garçons n'ont pas le dessus dans tous les jeux. De plus, filles et garçons doivent tous aider leurs parents. Les enfants de Bullerbü partagent certains jeux, mais il y en a d'autres auxquels seules les filles jouent, et qu'aucun garçon ne pourrait comprendre. De plus, dans les livres d'Astrid Lindgren, à un moment ou à un autre de l'histoire, il y a toujours une fille qui grimpe sur un toit : j'adore cette métaphore. Être perché sur un toit est fabuleux parce qu'on y jouit de la bonne perspective !

L'univers d'Astrid Lindgren comporte un autre personnage extraordinaire, celui de Madita. Son père est un journaliste engagé, à qui elle ressemble beaucoup. C'est une enfant forte, qui sait ce qu'elle veut et qui agit dans ce sens. Elle se dispute ouvertement avec Mia, une autre fille, ce qui ne l'empêche pas d'avoir beaucoup d'empathie et de défendre les autres. Madita invente également des jeux extraordinaires pour sa petite sœur. Aurait-elle pu faire tout cela en passant plusieurs heures par jour devant la télévision ? Personnellement, j'en doute.

Nos lectures nous marquent pour toute la vie. Ce que vous lisez à votre fille, et ce qu'elle lira elle-même, par la suite, n'est pas anodin. Outre les ouvrages mentionnés plus haut, pensez à l'extraordinaire série *La Saga d'Anne*, de L.M. Montgomery, et à la série *La Petite Maison dans la prairie*, de Laura Ingalls Wilder, dans lesquelles figurent des filles fortes, qui s'imposent et qui vivent des aventures. Allez faire un tour dans une librairie avec votre fille : vous y ferez des découvertes intéressantes.

Les contes

Dans quasiment tous les contes, les filles et les femmes jouent un rôle déterminant. Ce fait à lui seul est une excellente raison pour s'intéresser à ces lectures.

Les contes, comme tout, ne doivent pas être imposés aux enfants. Lorsqu'elle était petite, ma fille n'aimait pas beaucoup les contes mais elle s'y est intéressée plus tard. Certains enfants aiment les contes, d'autres non : ceux qui sont attirés par les contes sont sans doute ceux qui en ont besoin.

Lorsque vous étiez enfant, aviez-vous un conte préféré ? Pour ma part, j'en avais plusieurs, et même si je les ai lus et entendus une bonne centaine de fois, j'y découvre toujours de nouveaux détails. Pour moi, ces contes sont un moyen de transmettre des sagesses ancestrales.

Prenez par exemple *Blanche-Neige*. Dans la version d'origine, c'est la mère, et non la belle-mère, qui veut tuer sa fille. Pour une femme, il est difficile de voir sa beauté s'estomper tandis que celle de sa fille s'épanouit. La jalousie est un poison. Blanche-Neige est sauvée dans la solitude de la Nature, derrière les sept montagnes. Son salut intervient alors qu'elle est en compagnie des nains, qu'elle sert. Toutefois, ces derniers ne peuvent l'empêcher de mourir empoisonnée. C'est au prince que revient la mission de la sauver. Il la porte sur un chemin accidenté, dans la forêt, et le morceau de pomme empoisonné ressort de sa bouche. Blanche-Neige est sauvée. Comme toujours, l'histoire finit bien, même si l'héroïne doit supporter de terribles souffrances ou entreprendre un périple infiniment long. N'est-ce pas là un message rassurant ?

Dans *Le Roi Lindwurm*, un conte de fées allemand, le royaume est menacé par un dragon. C'est la fille du berger qui réussit à se sauver elle-même et à sauver son pays, en rendant au monstre, un dragon sans ailes, son apparence humaine. Elle y parvient en suivant le conseil d'une vieille femme pleine de sagesse, qui recourt non pas à la ruse féminine, mais à un savoir issu d'une source beaucoup plus profonde.

Dans *La Belle au bois dormant*, l'héroïne, à l'instar de Blanche-Neige, ne peut échapper à son destin : ce n'est qu'au moment adéquat que le sauveur parviendra jusqu'à elle pour l'embrasser et la ramener à la vie. Tous les autres prétendants ayant tenté de la rejoindre sont restés prisonniers des ronces (mais pourquoi le roi a-t-il fait preuve d'autant d'obstination, en n'invitant que douze des treize femmes sages à la fête ?).

Les contes nous enseignent que rien n'est impossible. Ils nous montrent que les difficultés peuvent être surmontées, à condition de ne pas baisser les bras et d'accepter de partir en quête de la solution et de relever les défis. Celui qui a bon cœur et qui s'ouvre à autrui aura accès à la sagesse – généralement dans la Nature, par exemple dans une forêt, dans la lande ou dans les montagnes – qui le mènera à son but. Le message de ces contes est le suivant : en empruntant notre voie, nous pouvons gagner un royaume.

Les petites filles et leurs vêtements

Dès son plus jeune âge, ma fille a eu une passion pour les vêtements. Toute petite, elle a appris à s'habiller et à se déshabiller seule, et elle adorait se changer, se faire belle et essayer des vêtements. Et dès qu'elle apercevait du vernis à ongles chez quelqu'un, elle voulait s'en mettre. Elle avait la même fascination pour les bijoux. Ce comportement m'a étonnée, parce que je ne savais pas d'où il venait – moi-même attachant peu d'importance à ces choses-là – et parce qu'elle ne regardait jamais la télévision.

À quatorze ans, elle est venue me voir, habillée avec le tailleur noir qu'elle avait porté pour sa confirmation et des chaussures à talons. Rayonnante, elle a déclaré : « Je meurs d'impatience de pouvoir m'habiller comme ça tous les jours !
– Mais pourquoi ne le fais-tu pas dès à présent ? lui ai-je demandé, étonnée.
– Parce que je n'en ai pas besoin, m'a-t-elle répondu. Mais le jour où j'aurai un vrai métier, je m'habillerai comme ça tous les jours. »

Les différents visages de la beauté

Tout pousse à croire que l'aspiration des femmes à être belles est conditionnée par la société. C'est un désir puissant dans la grande majorité des sociétés. Depuis des siècles, les femmes travaillent à la fabrication de textiles, tissant, tricotant et brodant, et se chargent des vêtements de la tribu. Le désir de posséder une maison joliment meublée et un joli corps, c'est-à-dire le désir de se transformer soi-même en œuvre d'art, remonte à la nuit des temps.

Presque toutes les mères prennent plaisir à mettre de jolis vêtements, des belles chaussures et des bijoux à leurs filles. Alors que les petits garçons n'ont généralement pas le droit de se faire « beaux ». Leurs parents ont sans doute peur qu'on se moque d'eux et qu'on les traite de « filles » (ou d'« efféminés » s'ils sont plus âgés).

La représentation des femmes dans les médias

La représentation des femmes dans les magazines est une distorsion de la réalité. Les femmes qui ne sont pas belles n'y occupent qu'une place marginale, voire inexistante. Celles qui ne sont pas conformes aux canons de la mode sont « filtrées », de sorte que nous ne les voyons jamais, alors qu'elles sont pourtant majoritaires. Quant aux femmes qui réussissent professionnellement, plus elles sont belles, plus elles sont intéressantes – tout au moins pour les médias.

Saviez-vous que les gens beaux n'ont pas toujours la vie facile, parce qu'on attend d'eux beaucoup plus que des autres ? D'emblée, on s'attend à ce qu'ils soient plus intelligents, plus chaleureux et plus agréables à côtoyer.

De plus, beaucoup de belles femmes estiment que si elles sont bien considérées, c'est uniquement en raison de leur apparence, indépendamment de leurs réalisations, ce qui les rend malheureuses. Elles n'ont jamais le sentiment d'être prises au sérieux. Leur beauté s'apparente à un masque qu'elles ne peuvent enlever. Cette situation peut conduire à l'autodestruction, par l'alcool ou la drogue, voire au suicide.

Quand j'étais petite, je portais moi aussi des robes et j'aimais mettre des rubans dans mes cheveux. À l'adolescence, je me suis presque totalement désintéressée de tout ce qui avait trait aux apparences – ce désintérêt persiste encore. Désirais-je me démarquer de ma sœur aînée, plus jolie que moi ? C'est possible. Dans les familles comptant plusieurs filles, chacune endosse un rôle différent. Si le rôle de « celle qui est jolie » est déjà pris, la fille suivante devra en choisir un autre : « celle qui est intelligente », « celle qui est gentille » ou « celle qui est rebelle ». Pour en savoir davantage sur l'importance du rang de naissance dans la fratrie, reportez-vous au chapitre 8. Il se peut aussi que j'aie intégré la devise de mon père : ce qui compte est ce qui ne se voit pas. À moins que j'aie tout simplement choisi une voie différente.

VOTRE FILLE ET SA VOIE

Après trente années passées à observer et à étudier les enfants, je suis convaincue que chacun a une voie à suivre. Vous pourrez commencer à discerner celle de votre fille en l'observant, pour découvrir ce qui l'intéresse et ce qui lui procure du plaisir, parce que le plaisir vient du cœur. Il ne peut être suscité artificiellement, par des influences extérieures. Par exemple, pendant de nombreuses années, j'ai beaucoup joué avec des poupées, que je traitais comme mes enfants. Pour moi, il eût été inconcevable de ne pas consacrer ma vie à l'étude des enfants, même si je n'en avais pas moi-même. ▶

Une fois adultes, beaucoup d'individus acceptent les normes, les conditions et les attentes que leur imposent la société et leurs familles. Ces contraintes extérieures les poussent alors à faire des choses qu'ils n'ont pas réellement envie de faire, ce qui les détourne parfois de leur voie. Or ce n'est pas ainsi que l'on trouve le bonheur. Le véritable bonheur arrive lorsqu'on découvre sa voie personnelle et qu'on la suit.

Dès leur plus jeune âge, vos enfants, filles ou garçons, vous montreront très clairement leurs inclinations.

Plus j'avance dans la connaissance des enfants, plus il me semble que le terme d'« éducation » n'est pas pertinent. À mon sens, la mission des parents relève davantage du « développement ». Il s'agit d'accompagner votre enfant à mesure qu'il découvre sa voie et de l'aider à développer ses aptitudes. C'est précisément en cela que devrait résider la mission de l'école. Pour découvrir véritablement ce dont votre fille a besoin, observez-la attentivement et proposez-lui des activités, sans la pousser dans une direction.

EN BREF
- Interrogez-vous sur vos idées reçues concernant les filles dans notre société.
- Réfléchissez également aux jouets et aux poupées avec lesquels s'amuse votre fille et montrez-lui qu'il existe autre chose que l'univers de Barbie.
- L'image du corps véhiculée par les médias communique aux filles des messages irréalistes et néfastes.
- Apprenez à votre fille à ne pas se laisser entraver par le conditionnement social. ▶

- Les livres, et notamment les contes, peuvent être un excellent vecteur d'idées émancipatrices pour les filles.
- La lecture stimule l'imagination et la créativité des enfants, ce qui n'est pas le cas de la télévision.

L'étoile filante et le vœu de ma fille

« Il y a quelques jours, je descendais de voiture avec ma fille, âgée de onze ans, quand elle m'a dit : "Viens, Papa, je vais te montrer la Croix du Sud."

"Parfait, ai-je répondu. Voyons ça."

Nous avons remonté l'allée du jardin et nous nous sommes tournés vers le sud pour regarder le ciel. À cet instant précis, une étoile filante a traversé le ciel, juste devant nous. J'ai vu beaucoup d'étoiles filantes dans ma vie, mais celle-là était vraiment extraordinaire. Elle a tracé une ligne parallèle à l'horizon, en brillant longtemps, avec une luminosité extrême. En fait, elle était si rayonnante qu'elle semblait beaucoup plus proche de nous que toutes les autres étoiles. C'était un spectacle éblouissant !

Mais le plus extraordinaire, c'est que cette étoile était la première étoile filante que ma fille voyait de sa vie.

"Oh, que c'est beau", ai-je dit en levant les yeux, émerveillé.

"Fais un vœu !" a-t-elle crié en fermant les yeux et en joignant les mains, comme dans un geste de prière. (Dans la famille, nous ne prions pas et ma fille ne prie pas non plus à l'école. J'ai été surpris de la voir faire ce geste.)

Peut-être aurais-je dû formuler un souhait allant au-delà du traditionnel : "Puissent tous les membres de la famille être heureux et en bonne santé." ? Toujours est-il que je ne l'ai pas fait. À la place, je l'ai regardée formuler un vœu important. J'aurais voulu lui en demander la teneur, mais je savais qu'elle ne me répondrait pas (car cela aurait empêché que le souhait soit exaucé). Je sais qu'elle veut devenir vétérinaire ; est-ce à cela qu'elle a pensé ? Je n'en sais rien. Mais si elle a fait ce vœu, je suis heureux de vivre dans un monde où ses rêves peuvent devenir réalité. Ma fille peut faire tout ce qu'elle désire, et cette liberté contribue à faire de moi un père heureux. »

Sean

Chapitre 6

L'école et l'enseignement

Outre l'éducation que vous donnez à votre fille à la maison et les enseignements que vous lui transmettez, il vous faudra également veiller aux messages véhiculés par la société. Intéressons-nous maintenant à la troisième source de ses expériences : l'école.

Tout n'est pas rose

À l'école, les filles sont souvent en avance sur les garçons, dans de nombreux domaines. Elles s'adaptent plus facilement, elles apprennent à lire et à écrire plus vite et, de manière générale, elles créent moins de problèmes. C'est en tout cas ce que nous disent les statistiques. En réalité, les chiffres cachent beaucoup de choses.

Les filles qui n'apprennent pas à lire et à écrire aussi vite que les autres se démarquent du groupe et courent le risque d'être exclues – ce qui est particulièrement néfaste parce que, en règle générale, le groupe compte beaucoup pour les filles.

Les filles n'apprennent pas de la même manière que les garçons, or la plupart des écoles ne tiennent pas encore compte de cette réalité. La création de classes non mixtes pour les disciplines scientifiques et techniques permettrait d'accroître les chances de réussite des filles dans des matières traditionnellement considérées comme le pré carré des garçons.

Plus généralement, l'école devrait tenir compte de l'expérience individuelle de chaque élève, c'est-à-dire intégrer, d'une manière ou d'une autre, à l'enseignement l'histoire personnelle et les centres d'intérêt de tous les enfants.

Choisir une école

La première chose à faire pour aider votre fille dans sa scolarité consiste à choisir une école qui lui offrira le meilleur environnement possible, où l'apprentissage lui apportera le plus de plaisir. Malheureusement, certaines écoles ne renforcent pas beaucoup l'estime de soi des élèves, certaines allant même parfois jusqu'à la bafouer. Il est de votre devoir d'aborder ce sujet extrêmement délicat avec les responsables de l'école. Certains enfants sont qualifiés de « réservés », d'autres d'« agités ». Mais que cachent réellement ces étiquettes ? Ne devrait-il pas y avoir de la place pour tous les types d'enfants ?

Si votre fille a des difficultés scolaires, vous devrez la soutenir et lui montrer que vous l'aimez en dépit de ses problèmes. Si cela est nécessaire, parlez-en avec les enseignants et organisez un soutien scolaire temporaire. Encouragez votre fille dans les domaines qui l'intéressent et observez-la avec attention. Ainsi, ensemble, vous pourrez identifier les matières dans lesquelles elle n'a pas de difficultés et celles dans lesquelles elle a besoin d'aide.

> **L' ÉCOLE HELENE LANGE**
>
> L'école Helene Lange à Wiesbaden, en Allemagne, est un lycée comme les autres, à un détail près : tous les cours sont assurés par deux enseignants, un homme et une femme. Dans cette école, peu de cours traditionnels sont dispensés. Les professeurs mettent plutôt en place des projets sociaux et professionnels pour les élèves. L'établissement fonctionne avec une maison de retraite et une école maternelle, et il soutient aussi des projets au Népal. Les effectifs sont réduits, les ateliers consacrés à divers projets occupent une place à part entière dans le cursus, et l'école met l'accent sur la responsabilisation des élèves et l'ouverture des enseignants. Les ateliers de théâtre, qui sont importants et qui s'étendent sur toute l'année scolaire, jouissent d'une excellente réputation dans la région. Dans cette école, les enseignants se voient davantage comme des « entraîneurs » que comme des « maîtres », et ils participent régulièrement à des programmes de formation continue pour améliorer leurs compétences.

Les filles, les mathématiques et les sciences

De manière générale, les filles obtiennent de moins bons résultats que les garçons aux examens de mathématiques normalisés. De nombreuses théories expliquent ces résultats. Certains pensent qu'il existe des différences entre le cerveau des filles et celui des garçons et que celles-ci sont dues à des raisons hormonales. D'autres attribuent ces résultats à la différence de traitement entre les filles et les garçons, tant à la maison qu'à l'école.

La Troisième étude internationale de mathématiques et de sciences s'est déroulée en 1995 et 1996. Plus d'un demi-million d'élèves ont été évalués en CM1, en classe de 4ᵉ et en terminale dans vingt et un pays. En mathématiques et dans les matières scientifiques, les garçons ont obtenu de meilleurs résultats que les filles dans tous les pays, à l'exception de l'Afrique du Sud [24]. Plus les élèves étaient âgés, plus cet écart était prononcé. Les différences respectives au sein des groupes de filles et de garçons étaient plus importantes que celles entre les deux sexes, cependant l'étude a démontré que les garçons obtenaient de meilleurs résultats que les filles dans ces disciplines.

Toutefois, si l'on examine les résultats de plus près, comme l'a fait Susan Gilbert, auteur de plusieurs ouvrages, on constate que ces différences concernent uniquement les élèves blancs. Elle a également remarqué que les filles de couleur obtiennent de meilleurs résultats que les garçons de couleur en arithmétique et dans d'autres disciplines mathématiques. Par conséquent, il semblerait que le facteur décisif soit le suivant : beaucoup de parents (blancs) sont convaincus que les filles sont moins douées en maths que les garçons. Et, plus important encore, il semblerait que les filles pensent la même chose.

Au début de l'adolescence, l'intérêt des filles pour les mathématiques s'estompe, ce qui les défavorise dans la mesure où cette matière est la base de nombreux domaines d'étude. Susan Gilbert estime que, outre leur manque d'intérêt pour les disciplines associées aux mathématiques, certaines filles acceptent les idées reçues de leurs contemporains : « Les garçons n'aiment pas les filles bonnes en maths », disent certaines. Pour ma part, je ne crois pas que les choses soient aussi simples. J'ai demandé à ma fille, âgée de quinze ans, ce qu'elle en pensait. Elle a souri avant de répondre que la plupart des garçons préfèrent avoir une petite amie intelligente. Mais même dans sa classe, les forts en maths sont tous des garçons.

Les filles semblent convaincues qu'elles sont moins douées pour les maths que les garçons

L'impuissance acquise et le rôle des parents

Face aux difficultés, les filles baissent souvent les bras au lieu de considérer leurs erreurs comme des défis à relever ou comme un tremplin pouvant servir de base à une possible amélioration.

Une étude [25] réalisée à l'université du Michigan, aux États-Unis, dans les années 1980, s'est intéressée à plusieurs milliers d'enfants, pour tenter d'expliquer la différence de résultats en mathématiques chez les filles et les garçons. Dans le cadre de l'étude, parents et enfants ont été interrogés. Durant la majeure partie de la scolarité en primaire, les parents ont jugé comparables les compétences en mathématiques de leurs filles et de leurs fils. Toutefois, à la sortie du primaire, les parents considéraient qu'il existait de nettes différences. Les parents qui jugeaient les maths particulièrement difficiles pour leurs filles sous-estimaient en réalité les performances de leur progéniture. Lorsqu'une fille peine à faire ses exercices de maths à la maison, ses parents ont tendance à la plaindre plutôt qu'à l'encourager. Et lorsqu'une fille obtient des bonnes notes, on la félicite moins parce qu'elle est forte en maths que parce qu'elle a travaillé dur. Les doutes quant aux compétences des filles en maths viennent aussi des filles elles-mêmes, ce qui n'est guère étonnant.

Encourager la persévérance

Il est évident que si, s'agissant des mathématiques, on traite différemment les filles et les garçons, et si l'on attends moins des filles, elles obtiendront de moins bons résultats. C'est le principe des prophéties qui s'accomplissent d'elles-mêmes. Par conséquent, il est important d'encourager votre fille dans l'intégralité de son travail scolaire, et, de manière plus générale, dans tous les domaines de la vie. Les filles peuvent obtenir d'aussi bons résultats en mathématiques que les garçons : tout est fonction de ce qu'on attend d'elles et de ce qu'elles attendent d'elles-mêmes. Ce constat fait écho à la réaction des parents lorsque leurs filles commettent une erreur ou échouent dans une tâche (voir p. 97). Encouragez votre fille à persévérer : ainsi, vous lui montrerez que vous la croyez capable de réussir, ce qui nourrira l'estime qu'elle a d'elle-même.

DIFFÉRENTES MANIÈRES D'APPRENDRE

Le psychologue américain David C. Geary s'est intéressé à la démarche qu'adoptent les filles et les garçons pour aborder un exercice. Il a constaté que les garçons ont une représentation picturale – c'est-à-dire sous forme d'images – des exercices, tandis que les filles réagissent mieux aux informations présentées sous forme parlée ou ▶

écrite. Il a donc conseillé aux enseignants et aux parents de garçons de présenter des exercices formulés verbalement sous une forme graphique, avec succès [26].

Différents styles d'apprentissage

En ce qui concerne les mathématiques, je pense que les outils pédagogiques utilisés pour enseigner cette matière sont souvent limités et ne conviennent pas au style d'apprentissage que préfèrent les filles, ce qui explique leurs mauvais résultats. Une amie m'a montré un jour les supports pédagogiques utilisés en mathématiques dans les écoles Montessori. Ils sont clairs et simples et très attrayants visuellement. Après quelques explications, les enfants peuvent travailler avec ces outils et découvrir de nombreuses choses tout seuls. Je suis certaine que si l'on m'avait enseigné les maths avec ces supports, j'aurais compris cette matière.

Quoi qu'il en soit, les filles rattrapent leur retard en mathématiques. L'écart entre les résultats des filles et ceux des garçons se réduit, et ceux qui prétendent encore que les filles sont naturellement moins bonnes en mathématiques que les garçons sont de plus en plus rares. De plus en plus souvent, on entend dire que les filles obtiennent de meilleurs résultats scolaires que les garçons.

Toutefois, le nombre des filles qui s'orientent vers des filières techniques ou mathématiques reste peu élevé, même lorsqu'elles obtiennent de bons résultats dans ces matières à l'école. Pourquoi ? Plusieurs études ont démontré que, dans les écoles mixtes, beaucoup de filles se sentent dévalorisées par le comportement de leurs camarades et de leurs enseignants, et qu'elles se désintéressent de la réussite scolaire. Il semblerait également que les attentes sociales perçues par les filles affectent leurs choix professionnels. Elles ont souvent le sentiment qu'on attend d'elles qu'elles exercent des activités typiquement féminines – institutrice, infirmière ou secrétaire. Beaucoup de filles n'osent pas s'aventurer dans des secteurs typiquement masculins, comme l'ingénierie ou les professions techniques.

> **LES FEMMES NE SOUHAITENT PAS TOUTES ATTEINDRE LE SOMMET DE LA HIÉRARCHIE**
> Chacun sait qu'aux postes de direction des entreprises, les femmes sont nettement moins nombreuses que les hommes. C'est même le cas dans les professions traditionnellement féminines. La sociologue avec qui j'en ai parlé récemment m'a répondu la chose suivante : « C'est vrai, mais nous, les femmes, nous ne voulons pas de ces postes. » Elle-même (célibataire et vivant seule) a décliné plusieurs postes de direction parce qu'elle ne souhaitait pas assumer les responsabilités associées à ces fonctions. Peut-être les femmes aiment-elles moins le pouvoir que les hommes ? Ici encore, il ne faut pas généraliser, car il y a aussi des femmes qui se battent dans des univers qu'elles qualifient de masculins. Officiellement, rien n'empêche la promotion des femmes aux fonctions les plus élevées, mais, tôt ou tard, elles sont freinées dans leur ascension par le « plafond de verre » – sans que l'on sache précisément pourquoi.

Comment encourager votre fille

Il existe de nombreuses manières d'encourager votre fille, afin de lui permettre de réussir à l'école et de choisir un métier adapté à ses goûts et à ses aptitudes. Les idées suivantes pourront vous être utiles.

• Stimulez l'imagination spatio-visuelle de votre fille. Les compétences spatio-visuelles se développent avant tout par la pratique et l'expérience avec des jouets adaptés. Laissez votre fille s'amuser avec des jeux de construction en bois et des Lego. Les activités sportives l'aideront également à améliorer ses compétences dans ce domaine.

• Encouragez votre fille à ne pas baisser les bras, mais à chercher des solutions. Si elle a du mal à accomplir une tâche, dites-lui : « Peut-être que tu n'as pas encore trouvé la bonne méthode. On va voir ça ensemble. » Ou : « Si tu n'y arrives pas maintenant, essaie de nouveau plus tard. Souvent, on a de meilleures idées après avoir fait une pause. »

• Concernant les mathématiques :

Intéressez-vous aux outils pédagogiques Montessori pour les mathématiques et utilisez-les si vous pensez qu'ils sont susceptibles d'aider votre fille à avoir confiance en elle dans cette matière et à y obtenir de meilleurs résultats.

Encouragez les talents en mathématiques de votre fille, en intégrant des questions mathématiques à la conversation de tous les jours : « Nous sommes cinq dans la famille. Tom est chez un copain, et papa rentrera plus tard. Pour combien de personnes allons-nous mettre le couvert ? » Lorsqu'on cuisine, il arrive qu'il faille doubler les quantités indiquées dans les recettes, ou les diviser par deux. Impliquez votre fille dans ces calculs.

Si vous êtes un homme, impliquez votre fille dans des tâches « typiquement masculines. »

Si vous ou/et votre conjoint travaillez, encouragez votre fille à participer ponctuellement à votre activité professionnelle. Bien évidemment, cela n'est pas toujours possible, mais dans certains cas il suffit de faire preuve d'un peu d'imagination.

Apprenez à votre fille à manipuler de l'argent et impliquez-la dans les tâches quotidiennes où il faut compter de l'argent.

Faites participer votre fille à toutes vos activités de bricolage car elles comportent des calculs et des mesures à effectuer.

Donnez-lui l'occasion de découvrir le côté ludique des mathématiques et des sciences, en lui offrant un coffret de découverte, un microscope, un télescope, etc.

EN BREF
- Les mauvais résultats des filles en mathématiques et dans les matières scientifiques sont essentiellement dus à l'attitude des parents, à l'inadéquation des outils pédagogiques et aux stéréotypes concernant les aptitudes en fonction du sexe prévalant dans les écoles.

- Vous pouvez changer considérablement la manière dont votre fille perçoit ses aptitudes dans différentes matières.

Les aider à réaliser leurs rêves (personnels)

« J'ai deux filles, qui ont vingt-trois mois d'écart. Toutes deux ont des prédispositions comparables en sport et dans les disciplines artistiques tout en ayant des aptitudes et des objectifs très différents. Du jour où elle a su marcher, à neuf mois, Elysia, l'aînée, a toujours adoré grimper partout, y compris sur les robustes étagères du salon, que nous avions vidées pour qu'elle puisse les escalader sans rien faire tomber et sans risquer de se faire mal. Elle n'est jamais tombée, ni ne s'est lassée de ce qui est devenu son jeu préféré.

En grandissant, elle a développé un talent indéniable pour l'athlétisme et le sport en général, et elle a toujours eu confiance en ses aptitudes sportives. À la fin de chaque année scolaire, elle concourait pour le titre de "Sportive de l'année", avant d'être surpassée de justesse par une autre élève. En classe de troisième, elle a enfin remporté le titre de Sportive 2003 pour toute l'école. Cela a été une grande source de fierté, non seulement pour nous ses parents, qui avions déjà suivi avec bonheur tous ses succès sportifs au fil des années, mais aussi bien sûr pour elle-même : elle avait enfin atteint l'objectif qu'elle s'était fixé au cours de toutes ses années de collège. Aujourd'hui, elle a abandonné beaucoup d'activités sportives, pour se concentrer sur le football du samedi, car le lycée lui prend tout son temps.

Au final, le plaisir et la confiance en elle que lui ont procurés ses activités sportives perdureront à l'âge adulte et lui permettront de rester en forme et en bonne santé.

Mon autre fille, Allegra, aime elle aussi le football, mais est passionnée par le théâtre. Actuellement, elle suit un cursus qui lui permet de vivre sa passion. En classe de CM1, elle s'est épanouie grâce aux formidables enseignants créatifs de son école. À cet âge, elle savait déjà qu'elle ferait une école de théâtre.

Par conséquent, en bons parents que nous sommes, nous l'avons aidée à développer ce talent. Elle n'avait jamais ressenti aucune appréhension ni aucune nervosité sur scène, et nous avons tous été très heureux lorsqu'elle a accompli son rêve et qu'elle a été admise dans une école dont une grande partie des enseignements est consacrée au théâtre. Nous trouvions formidable qu'elle évolue dans un environnement aussi riche.

Toutefois, un tel milieu, où l'on côtoie beaucoup d'autres enfants très doués, peut aussi se révéler très compétitif et déstabilisant. Allegra s'est mise à devenir très nerveuse lorsqu'elle devait monter sur scène devant les autres élèves et n'a pas profité de certaines possibilités que l'école lui offrait. Pour l'aider, nous avons choisi de lui faire prendre davantage de cours de théâtre afin qu'elle reprenne confiance en elle et qu'elle expérimente des situations de concurrence pour se sentir moins intimidée.
Est-ce que cela a porté ses fruits ? Oui. Peu à peu, Allegra reprend confiance en elle et j'espère qu'elle retrouvera l'assurance qu'elle avait à l'école primaire.
En attendant, elle vit ce qui, à mon avis, est une scolarité très exaltante, créative et intéressante, comparé à ce que la plupart d'entre nous ont connu à l'école dans les années 1960. »

Jeanette

Chapitre 7

Devenir une jeune femme

L'adolescence et les évolutions qui en découlent constituent un défi majeur pour les enfants et pour leurs parents. Alors qu'à neuf ou dix ans les filles sont généralement fortes et sûres d'elles, elles commencent à changer vers treize, quatorze ou quinze ans. Elles peuvent devenir désorientées ou agitées, et manquer de confiance en elles. Ces changements sont généralement moins liés à l'attitude des parents qu'aux nouvelles attentes face à l'existence auxquelles ces jeunes filles sont confrontées.

Les filles et leurs parents ne parviennent pas toujours à résoudre ensemble les problèmes de l'adolescence et des débuts de l'âge adulte. À cet âge, les amies, les professeurs préférés, les parrains et marraines ou d'autres adultes de confiance peuvent souvent apporter une aide plus efficace. Le processus qui conduit de l'adolescence à l'âge adulte est délicat. La jeune adulte quittera la maison peu de temps après la fin de l'adolescence. Ce départ de la famille est l'une des étapes les plus importantes de la vie d'un individu, et il est important que cette séparation se déroule avec de l'amour, de part et d'autre. Les séparations qui ne se passent pas bien engendrent des dépendances qui perdurent toute la vie. C'est le cas de certains jeunes qui ne parviennent pas à se détacher de leurs parents[27]. Au lieu de renforcer leur *ego* et de déployer leur propre personnalité, ils restent dépendants de l'un de leurs parents ou des deux.

Qu'est-ce que la puberté ?

Que signifie exactement le terme « puberté » ? Et que se passe-t-il à cette étape de la vie ?

Le mot « puberté » vient du latin *pubertas*, qui signifie maturité sexuelle. La racine de ce terme est à rapprocher du latin *pubes*, qui signifie poils pubiens. Toutefois, avant le début de la puberté, l'organisme féminin accroît déjà sa production d'œstrogène, qui est une hormone sexuelle. Ce phénomène se produit parfois vers l'âge de huit ou neuf ans. Comment l'organisme sait-il qu'il est prêt ? Et pourquoi la puberté survient-elle plus tôt chez certaines filles que chez d'autres ? Le poids de l'individu joue un rôle déterminant. Lorsqu'il atteint 38 à 43 kilos, le système de régulation hormonale indique à l'organisme qu'il est temps de commencer à se féminiser [28].

Les hormones ont une action comparable à celle de la levure : elles stimulent la croissance et nous aident à adopter certains comportements plus facilement et avec davantage de plaisir. Ainsi, la prolactine, une hormone qui commande la production de lait, permet l'allaitement. Les hormones stéroïdes entraînent la croissance du cerveau durant la puberté. Elles favorisent la réflexion et le questionnement. Les œstrogènes, eux, incitent le corps de la jeune fille à s'arrondir et à grandir, à ressentir un plaisir et un désir sexuel d'adulte, et à rechercher la satisfaction sexuelle.

La quête de l'identité personnelle

Dans la quête de leur identité personnelle, filles et garçons se posent des questions essentielles : qui suis-je ? Qui aimerais-je être ? Comment les autres me perçoivent-ils ?

Durant ce processus, les filles se heurtent constamment aux barrières de la féminité telle qu'elle est définie dans notre culture. On leur demande perpétuellement de tenir compte des attentes d'autrui et, si possible, d'y répondre. « En adoptant des caractéristiques telles que la gentillesse, la souplesse et la retenue, elles se conforment à des attentes sociales[29] », écrit Dörte Stolle.

Les pressions subies par les filles à la puberté

À la puberté, des filles qui avaient confiance en elles commenceront peut-être à douter de leurs capacités et à se remettre en question. Les images que leur renvoient quotidiennement les médias leur montrent à quoi doit ressembler une belle femme, et combien il est important d'être séduisante. Elles constatent aussi qu'il est difficile d'être « gentilles » tout en subissant les pressions associées à la performance et à la concurrence. Par conséquent, les filles qui manquent d'assurance sont rarement satisfaites de leur corps. J'ai demandé à ma fille ce qui rendait les adolescentes si peu sûres d'elles ; elle m'a répondu que les magazines destinés aux femmes et aux adolescentes, lus par beaucoup de jeunes filles, étaient les principaux responsables. « Les magazines te disent comment te maquiller et comment t'habiller. Et si le résultat n'est pas à la hauteur, tu es déçue. » Elke, dix-huit ans, écrit : « Parfois, j'aimerais être comme la papesse Jeanne du Moyen Âge, une femme très courageuse. Elle a trouvé sa voie, en dépit des dangers qu'elle impliquait. Mais d'autres fois, je pense avant tout à ce que les autres, les garçons et les hommes, attendent de moi. Je me dis alors qu'il faut que je sois chaleureuse, modeste, dévouée, douce et capable de m'adapter, séduisante, mince tout en étant ronde. Il faut que j'aie une bouche pulpeuse et de belles mains, et que je ne sois pas trop musclée. C'est ainsi qu'ils aiment les femmes, me semble-t-il. Et comme je le sais, j'en joue à l'occasion[30]. »

L'adolescence est la pierre angulaire, la clé de voûte du développement psychique, social et biologique du futur adulte. Les filles vivent dans une société qui connaît une répartition traditionnelle des rôles. Mais elles voient aussi qu'il existe des modes de vie non conventionnels, plus souples. Elles voient des stars de la musique qui gagnent des fortunes et leurs propres parents qui ne parviennent pas à mettre suffisamment d'argent de côté pour partir en vacances, alors qu'ils travaillent huit heures par jour. Tous ces modèles et ces attentes contradictoires sont perturbants.

LES MENTORS

Pour beaucoup de jeunes femmes, la présence d'un mentor, à savoir d'une personne de confiance expérimentée pouvant leur transmettre son savoir, est d'une grande aide. Le mentor peut être un professeur (le plus souvent en dehors de l'univers scolaire, par exemple un moniteur d'équitation ou un professeur de piano), un voisin, un entraîneur de sport, une grand-mère, un parrain ou une marraine. Le mentor peut aussi intervenir comme médiateur sur le principal terrain de discorde, à savoir la vie à la maison et les relations familiales.

Le rôle du groupe

À la puberté, l'appartenance à un groupe de filles du même âge est extrêmement importante. Les bandes de copines, à l'école ou dans le quartier, sont un lieu d'échange d'idées et de soutien mutuel. Il y naît un sentiment d'appartenance. Au sein du groupe, les filles peuvent essayer coiffures, vêtements et maquillages, en toute sécurité. Les nombreuses heures passées ensemble ou au téléphone les aident à développer leur identité et à pratiquer des compétences sociales.

À cet âge, des amitiés très étroites se nouent fréquemment. Elles comportent de nombreux aspects positifs : les filles apprennent à gérer leurs faiblesses, à dire non, et à faire preuve d'empathie dans la discussion. Ces amitiés leur offrent aussi la possibilité de bénéficier de respect et de reconnaissance. Ces groupes peuvent également jouer un rôle de mentor, grâce au partage et à la transmission des expériences. À cette étape de la vie, il est souvent plus facile d'apprendre des choses de ses pairs (personnes de la même classe d'âge) que des adultes.

De nos jours, les filles et les femmes peuvent trouver difficile de construire leur identité individuelle, notamment lorsqu'elles ne sont pas conformes aux canons de beauté en vigueur. Elles sont soumises à de nombreuses pressions. Il n'est pas toujours facile de couper le cordon ombilical avec sa mère et de déployer sa propre personnalité, ni d'éviter de se conformer à des stéréotypes. À cet âge, votre fille a besoin d'aide : écoutez-la et ne prenez pas ses sautes d'humeur trop à cœur.

Le cycle féminin

Le cycle menstruel, qui ne se résume pas à l'apparition des règles, commence à la puberté. Ce cycle compte quatre phases, possédant chacune sa « personnalité ». J'aime comparer ces phases aux quatre saisons.

La première phase commence avec la maturation d'un ovocyte dans le follicule ovarien. Pour que l'ovule puisse parvenir à maturité, le corps produit de l'œstrogène, une hormone qui « active » également l'utérus et les seins. On pourrait comparer cette phase au début du printemps : sous terre, tout commence à s'éveiller, même si dehors, c'est encore l'hiver et si toute la Nature semble endormie. Dans le corps de l'adolescente et de la femme, des possibilités s'ébauchent...

Dans la deuxième phase survient l'ovulation. Ici aussi, une hormone particulière intervient. Entre le quatorzième et le seizième jour du cycle environ, un ovule arrivé à maturité se déplace dans la trompe. Cette phase correspond à la fin du printemps : les arbres en fleurs attirent les insectes avec leurs couleurs et leurs parfums, pour qu'ils viennent les fertiliser. C'est également la période de fécondité du cycle féminin. Beaucoup de femmes éprouvent un plaisir sexuel particulier durant cette phase.

Durant la troisième phase, l'ovule se transforme, ce qui produit du gestagène, essentiellement composé de progestérone, une hormone qui incite l'utérus à se préparer à recevoir l'ovule. Les muqueuses de l'utérus s'épaississent et s'enrichissent en nutriments. C'est l'été : le fruit mûrit et les fleurs qui n'ont pas été fertilisées commencent à se faner. À ce stade, aucune hormone particulière n'est nécessaire. L'ovule qui n'a pas été fécondé a mûri. Les taux d'œstrogène et de progestérone tombent à leur niveau le plus bas. Durant cette phase, les femmes peuvent être de mauvaise humeur et agressives, ou déprimées. La paroi de l'utérus se dégrade.

C'est dans la quatrième phase que se produit la desquamation de la muqueuse de l'utérus, qui forme les règles : c'est l'automne. Quelle est l'origine de ce sang qui s'écoule de notre corps ? Expliquez ses caractéristiques à votre fille, car ce sang mérite réellement d'être traité avec respect. Il contient de nombreuses vitamines et protéines, du fer, du cuivre, du magnésium, du potassium, du calcium et d'autres sels minéraux, ainsi que des cellules immunitaires.

La connaissance des différentes phases de ce cycle permet de gérer les fluctuations d'humeur avec davantage de considération. Toutes les femmes sont affectées par les changements induits par le cycle menstruel.

Premières règles

Lorsque j'ai eu mes premières règles, j'avais onze ans et j'étais seule. À l'époque, ma mère était gravement malade et personne ne m'avait préparée à cet événement. Comme il n'y avait pas de serviettes hygiéniques, j'ai dû me débrouiller pour trouver une solution. Certaines femmes âgées utilisaient des expressions très méprisantes pour parler des règles et n'aimaient pas aborder ce sujet.

Les femmes de ma génération ont pris soin de ne pas perpétuer cette attitude. Lorsque leurs filles étaient encore jeunes, elles leur ont expliqué qu'elles allaient saigner, une fois par mois et que cela faisait partie du fait d'être une femme.

Beaucoup de jeunes filles sont fières lorsque surviennent leurs premières règles : elles savent qu'elles entrent dans le monde des femmes.

Il est important que les jeunes filles sachent que les règles sont liées à l'aptitude à avoir des enfants. Alors, elles seront fières lorsque surviendront leurs premières règles et ne s'en cacheront pas. Pour elles, ce sera un événement positif.

La plupart des jeunes filles que je connais n'auraient pas envie de célébrer l'apparition de leurs premières règles, mais je pense malgré tout que l'on peut proposer quelque chose de cet ordre, pour marquer l'événement. Ainsi, votre fille saura que vous êtes heureuse qu'elle soit devenue une femme. Peut-être même aura-t-elle une idée, comme aller manger dans un bon restaurant ou se faire offrir un cadeau symbolique, par exemple une bague ou un collier avec un pendentif particulier, pour marquer son passage dans le monde des femmes et de la féminité à part entière.

Règles douloureuses : que faire ?

Aujourd'hui, beaucoup de jeunes filles prennent des antalgiques dès qu'elles ont un peu mal au ventre, parce que leur mère le leur a conseillé. Cela ne me semble pas judicieux : ce comportement peut conduire à une dépendance et à une consommation excessive de médicaments. Je conseille plutôt de recourir aux remèdes de grand-mère. S'ils n'ont pas le résultat escompté, allez consulter un médecin avec votre fille pour déterminer la solution la plus adaptée pour gérer ces symptômes.

Essayez de vous procurer de l'alchémille et de l'achillée, deux plantes qui peuvent apporter une aide efficace. Si vous avez un jardin ou un balcon, vous pourrez en cultiver. Cueillez ces plantes, faites-les sécher à l'ombre puis mélangez-les avant de préparer une infusion très légère. Cette boisson pourra soulager les douleurs menstruelles. Si vous ne pouvez pas les cultiver vous-même, vous trouverez des tisanes spéciales « règles douloureuse » dans les magasins de diététique ou dans les commerces d'aliments bio. Outre ces infusions, votre fille aura également besoin d'une bouillotte.

Les massages peuvent également soulager. Préparez une huile de massage avec de l'huile d'amande douce ou de jojoba, à laquelle vous ajouterez les ingrédients suivants :

- 1 goutte d'huile essentielle de rose ;
- 1 goutte d'huile essentielle de camomille romaine ;
- 1 goutte d'huile essentielle de cyprès ;
- 2 gouttes d'huile essentielle de marjolaine.

Appliqué en massage sur le ventre, ce mélange peut faire des miracles. En constatant qu'elle peut régler ces maux toute seule, votre fille aura sans doute le sentiment d'avoir sa vie bien en main, ce qui améliorera son estime d'elle-même.

CES ADOLESCENTES QUI DEVIENNENT MÈRES
Steve Biddulph
Ces dernières années, le nombre de grossesses d'adolescentes a diminué, ce qui s'explique par une meilleure éducation et par le recours à la contraception et aux IVG. Toutefois, il reste encore des progrès à faire. Quelle que soit l'opinion qu'on ait sur le sujet de l'avortement, cette situation est loin d'être idéale. Malgré tout, la plupart des adolescentes parviennent à éviter une grossesse non désirée, ce qui est une bonne chose. ▶

Quels sont les facteurs empêchant les grossesses d'adolescentes ?

Tout d'abord, j'aimerais préciser que pour une adolescente, le fait d'avoir un enfant n'est pas condamnable en soi. Durant la majeure partie de l'histoire de l'humanité, cela a été la norme. Simplement, dans notre société, il est difficile pour un jeune couple ou une jeune femme seule d'éviter de tomber dans la précarité s'ils ne peuvent pas finir leurs études, obtenir des qualifications professionnelles et avoir suffisamment de temps et d'argent à consacrer à leur bébé. Dans certains pays, des lycées ont mis en place des programmes de retour aux études, pour permettre aux jeunes mères de s'occuper de leur bébé tout en finissant leur scolarité. Il est intéressant de constater que ces programmes ont contribué à réduire le taux de grossesse chez les adolescentes dans les écoles concernées. En effet il est important que les jeunes filles voient de leurs propres yeux ce qu'implique une maternité quand on est très jeune. Toutefois, dans la grande majorité des cas, la grossesse des adolescentes est loin de constituer un progrès.

Que pouvez-vous faire pour éviter que votre fille tombe enceinte trop jeune ? En réalité, la manière dont vous vivez votre parentalité est le facteur le plus déterminant.

Une étude réalisée par le professeur Julie Quinlivan[31], professeur d'obstétrique à l'université de Melbourne et directrice de la clinique « jeunes mamans » du Royal Women's Hospital, a révélé qu'un tiers environ des mères adolescentes sont tombées enceintes intentionnellement et qu'elles pensaient que la naissance de leur bébé serait l'une des expériences les plus positives de leur existence. Dans une interview publiée dans le *Sydney Morning Herald*, le professeur Quinlivan explique que pour cer- ▶

taines jeunes filles, la grossesse permet de fonder une famille aimante, qui se distingue de celle qu'elles ont connue. Elle a constaté que les mères adolescentes sont souvent issues de familles éclatées et que ce bébé incarne une quête d'amour et de sécurité. En réalité, l'arrivée d'un bébé peut être catastrophique lorsque les adolescentes ne sont pas bien entourées.

Le professeur Quinlivan a constaté que plus de la moitié des mères adolescentes étudiées avaient des parents qui s'étaient séparés avant leur cinquième anniversaire (une proportion cinq fois plus élevée que la moyenne). Elles étaient également dix fois plus nombreuses que la moyenne à avoir été exposées à des violences entre leurs parents, et à avoir eu de mauvaises relations avec eux.

Pour certaines adolescentes, la création de leur propre famille constitue une échappatoire, explique le professeur Quinlivan. « Lorsque vous avez eu des débuts difficiles dans l'existence, vous avez envie de grandir rapidement et de devenir adulte, pour vous sentir plus en sécurité. »

L'un des éléments qui ressort le plus souvent des entretiens menés avec ces adolescentes enceintes est leur vision idéalisée de la maternité. Plus de la moitié d'entre elles se disaient que ce serait l'événement le plus passionnant de leur vie (ce qui est vrai de la plupart d'entre nous, d'ailleurs !). Le problème, dans leur cas, résidait dans l'aspect de la maternité qu'elles jugeaient passionnant : elles recherchaient la perspective de l'amour inconditionnel du bébé. « C'est ce qui revient tout le temps : la présence de quelqu'un qui va les aimer », explique le professeur Quinlivan.

Elle ajoute que les résultats de l'étude ont démontré qu'il ne s'agit pas simplement d'améliorer l'éducation sexuelle des adolescentes ni leur accès à la contraception, mais ▶

plutôt de « briser un cycle », dans la mesure où les enfants d'adolescents ont davantage de chances de devenir eux-mêmes parents à l'adolescence.

Environ les deux tiers des mères adolescentes étudiées par le professeur Quinlivan s'en sortent bien. « Celles qui se débrouillent bien sont soutenues par leur famille, elles reprennent leurs études et n'ont pas un autre enfant tout de suite », explique le professeur Quinlivan. Environ la moitié des mères adolescentes ont un autre enfant dans les deux ans, ce qui rend difficile la poursuite des études. En conclusion, si vous voulez éviter que votre fille ait un bébé lorsqu'elle est adolescente :

- Veillez à ce qu'il n'y ait pas de violences entre votre conjoint et vous.
- Montrez-lui comment l'on entretient avec son entourage des relations fondées sur le respect.
- Aimez-la de manière inconditionnelle, impliquez-vous dans sa vie et offrez-lui de la sécurité.
- Si vous êtes son père, soyez présent et veillez à jouer un rôle dans sa vie.

Ces conseils peuvent être difficiles à appliquer dans certains cas. Que faire si vous subissez des violences conjugales ? Devez-vous partir et imposer à vos enfants de vivre dans une famille éclatée ? Ou devez-vous rester et donner une mauvaise image du couple ? La seule bonne réponse, dans ce cas, est sans doute de vous faire aider. Car chaque pas que vous parviendrez à faire pour créer une vie de famille sûre et équilibrée renforcera le filet de sauvetage tendu pour votre fille.

Et si votre fille tombe enceinte malgré tout ? Alors, le soutien de son entourage pour l'aider à poursuivre sa scolarité et pour trouver un équilibre avec son bébé (et, espérons-le, avec son compagnon) est essentiel pour que ▶

> les choses se passent bien. Après tout, la naissance d'un bébé est toujours un événement merveilleux, même si le moment choisi n'est pas idéal.

De l'importance de maintenir le lien

Tant que vous maintiendrez le lien avec votre fille à l'adolescence, vous ne risquerez pas de la perdre. Cette affirmation est frappée au coin du bon sens, et vous en verrez la confirmation jour après jour. La qualité de vos discussions déterminera la nature de vos relations.

J'aimerais vous suggérer quelques règles, susceptibles d'améliorer la communication avec votre fille adolescente :

- Formulez vos remarques à la première personne. Peu importe votre niveau d'énervement : si vous vous astreignez à cette approche, les choses ne risqueront pas de s'envenimer. Dites par exemple : « Le désordre dans cette chambre me met hors de moi » ; ou : « Je suis tellement en colère que les mots me manquent. » En revanche, évitez des phrases du genre : « Tu es sale et pas soignée. » Ainsi, votre fille ne se sentira pas blessée et n'aura pas la possibilité de vous contredire.

- Ne recourez pas aux généralisations, qui ne laissent aucune porte de sortie à votre fille. En réalité, nul n'est toujours « de mauvaise humeur, sale ou blasé ». De même qu'on ne peut pas affirmer que « tout » est énervant, trop difficile ou ennuyeux. Même s'ils sont justifiés à un moment donné, les reproches formulés de cette manière décourageront votre fille. Comment pourrait-elle être à la hauteur de vos attentes si elle fait

« toujours » « tout » de travers ? En généralisant, vous ne laissez pas de place aux exceptions. Essayez plutôt d'aborder des problèmes précis : « Tu as oublié de débarrasser ton assiette » ; ou : « Qu'est-ce qui ne t'a pas plu dans cette pièce ? La dernière fois que nous sommes allées au théâtre, tu étais enthousiaste » ; ou encore : « J'ai vraiment été déçue que tu lèves les yeux au ciel. On en reparlera demain. »

• Gérez des problèmes précis : « Non, tu ne peux pas allumer la télé maintenant. Ce qui était convenu, c'est que tu ferais d'abord tes devoirs » ; ou bien : « La cage du cochon d'Inde est toujours sale. S'il te plaît, nettoie-la maintenant. »

• Prenez ses sentiments au sérieux et exprimez ce que vous constatez : « Je vois que tu es triste. Qu'est-ce qui s'est passé ? » ; « Je vois que cela te met en colère. Est-ce que tu as envie d'en parler ? » ; ou : « De toute évidence, tu t'ennuies. Si ça te dit, je te propose de... »

• Tout individu a le droit d'avoir des sentiments, et votre fille a celui d'exprimer les siens, tout comme vous avez le droit d'exprimer les vôtres. Tout le monde peut faire part de ce qu'il ressent. Envisagez les sentiments qu'exprime votre fille comme autant de demandes d'en discuter plus tard. Lorsque les sentiments sont exacerbés, une période d'apaisement est nécessaire avant que l'on puisse en aborder l'origine.

• Complimentez souvent votre fille. Dans les familles où l'on se sent bien, on émet généralement un commentaire critique pour cinq remarques positives. Déterminez le rapport entre ces deux types de remarques dans votre famille, et efforcez-vous d'atteindre ce rapport de 1 / 5.

Un grand nombre d'affirmations et de commentaires ont systématiquement un impact négatif sur les relations entre les gens. Comme nous avons entendu ce type de remarques dans la bouche de nos parents, de nos professeurs ou d'autres personnes, nous les formulons malheureusement nous-même. Écoutez-vous, pour voir si vous utilisez vous-même ces phrases qui nuisent à la qualité de la discussion et qui entament l'estime de soi de votre interlocuteur. Si vous vous surprenez à le faire, efforcez-vous d'arrêter. Voici quelques-unes des phrases à éviter :

- Mais enfin, qu'est-ce qui t'arrive ?
- Combien de fois faut-il que je te le répète ?
- Pourquoi faut-il que tu fasses toujours tout de travers ?
- Que tu es maladroite !
- Ça, c'est les filles !
- Laisse-moi faire, tu n'y arriveras jamais.
- Si tu fais ça, tu vas…
- Mais regarde-moi un peu ce chantier. Toutes les choses qui traînent sont à toi.
- Mais enfin, comment es-tu habillée ?
- Est-ce qu'un jour, tu vas enfin…
- Regarde un peu toutes les erreurs que tu as commises !

Pour découvrir des conversations positives entre enfants et adultes, lisez les histoires thérapeutiques de Doris Brett (voir bibliographie).

Lâcher du lest

Les jeunes sont conscients de l'importance de la famille. Elle les façonne et leur offre de la sécurité.

C'est un espace dans lequel ils apprennent à gérer des conflits et à construire leur vie. Toutefois, l'adolescence est aussi une période éprouvante, pour tout le monde.

Vous serez peut-être surpris de constater que tout à coup votre fille insiste pour avoir le droit de faire telle ou telle chose : boums, cinéma, cigarettes, discothèque, alcool, concerts, visites de garçons chez vous ou chez eux, voyages, vêtements. Elle vous demandera perpétuellement : « Maman, est-ce que je peux faire ceci ? » ; ou : « Papa, est-ce que je peux faire cela ? » Répondez oui et vous mourrez sans doute d'inquiétude. Dites non et vous déclencherez la Troisième Guerre mondiale !

Lui accorder une part de liberté

Certains parents sont extrêmement stricts avec leurs enfants. Ces jeunes restent plus longtemps chez leurs parents que les autres et se conforment à leurs attentes. Parfois, ils trouvent un espace qui leur permet de s'éloigner et de jouir d'un peu de liberté, dans des clubs sportifs ou dans des groupes de jeunes. Toutefois, lorsque leur éducation est *excessivement* stricte, ces jeunes réagissent souvent en affrontant leurs parents ou au contraire en les fuyant.

En accordant à votre enfant une part raisonnable de liberté, vous lui offrirez un espace qui lui permettra de devenir un individu conforme à ses aspirations[32]. Les jeunes élevés selon ce précepte apprécient les discussions de qualité, ils ont moins de mal que les autres à se séparer de leurs parents et ils arrivent à avoir une analyse critique des conventions sociales. En revanche, il est peu judicieux d'être trop permissif, car une liberté excessive peut se révéler aussi dangereuse qu'un excès de contrôle. Nous le verrons plus loin dans ce chapitre.

Si vous estimez que votre fille est paresseuse, parlez-en avec elle, sans l'accabler de reproches !

> **TRANSFERT DE RESPONSABILITÉS**
> Le défi des parents est d'être présents et de communiquer avec leurs enfants, tout en leur transférant progressivement des responsabilités à mesure qu'ils grandissent. Ainsi, la séparation s'effectue tout naturellement, dans les meilleures conditions possibles.

Lorsque votre fille atteindra la puberté, vous ne pourrez continuer à l'élever comme vous le faisiez lorsqu'elle était petite. Désormais, vous devrez l'accompagner sur le chemin de la vie et maintenir constamment le dialogue avec elle. Souvenez-vous qu'il est difficile de « susciter » des discussions importantes. Mieux vaut attendre patiemment le moment propice. En général, les discussions profondes, porteuses de sens, surviennent spontanément : à l'occasion d'un trajet en voiture, au bord de son lit lorsqu'elle est malade, alors que vous buvez une tasse de thé ensemble ou dans toute autre situation de la vie quotidienne. Si vous ne saisissez pas ces occasions au moment où elles se présentent ou si vous décrétez systématiquement que vous n'avez pas le temps, vous raterez des moments précieux.

Je n'ai pas de conseils à vous donner concernant ce que vous devez permettre ou interdire à votre fille. En tant que parent, c'est à vous d'en décider et d'en assumer la responsabilité. Toutefois, une chose est certaine : vous devez savoir quel est votre point de vue et être en mesure de le justifier. Votre fille a besoin de vos conseils et de votre opinion. Quand à savoir si elle suivra ou non ces conseils, c'est une autre histoire... Ne soyez pas surpris s'il lui arrive de vous contredire : c'est parfaitement normal. Elle doit apprendre à trouver sa voie et à s'affirmer, et les mots constituent l'un des moyens d'y parvenir.

« La puberté est une grande période d'égotisme, de narcissisme et d'incertitudes, écrit Margot Kässmann. Il me semble que les jeunes sont tellement préoccupés par eux-mêmes qu'ils n'arrivent pas à tenir réellement compte des autres. J'imagine qu'il ne reste alors aux parents qu'à espérer que la petite graine qu'ils ont plantée précédemment portera des fruits un jour – car, en réalité, c'est bien de cela qu'il s'agit –, mais cela peut prendre des années [33]. » Par conséquent, ne vous rendez pas malade à la moindre saute d'humeur et ne jugez pas votre fille trop sévèrement. Et autorisez-vous toujours à vous laisser convaincre par une bonne excuse.

Sévère ou permissif

Discutez avec d'autres parents et écoutez-les. Vous penserez certainement que certains sont trop stricts, tandis que d'autres sont trop laxistes. Prenons le sujet épineux des sorties, concerts et discothèques. Personnellement, je n'ai permis ce type de sorties à ma fille qu'à partir de seize ans. Cela me paraissait un bon âge. Toutefois, il peut y avoir des exceptions. Par exemple, si votre fille est très mûre ou si elle est accompagnée par un grand frère ou par les parents d'une amie, elle pourra peut-être y aller quand elle aura quinze ans. Sachez en outre que si vous interdisez trop de choses à votre fille, elle risque de vous mentir ou de se rebeller. Je vous conseille de maintenir le dialogue avec elle. Expliquez-lui votre point de vue, vos préoccupations et vos inquiétudes, mais veillez également à écouter attentivement ce qu'elle vous répondra : cela en vaut la peine !

> **FIXER DES LIMITES, FAIRE PREUVE DE CONFIANCE**
> Steve Biddulph
> L'objectif des parents est qu'un jour leurs enfants deviennent des adultes capables d'affronter le monde réel. Ils décideront alors eux-mêmes s'ils doivent refuser de prendre un verre supplémentaire, s'ils doivent partir quand la situation présente un danger physique ou sexuel, s'ils ont besoin de sommeil, et s'ils doivent prendre des repas équilibrés. Ils sauront trouver l'équilibre entre les loisirs et le travail, discerner l'amitié du désir, et faire preuve de loyauté sans se faire exploiter. Toutefois, ce sont des questions difficiles, qui donnent du fil à retordre même aux adultes ! C'est pourquoi la Nature nous accorde une période de dix ans pour apprendre : c'est l'adolescence.
> Le parent d'un adolescent a pour mission de donner à son enfant les outils de réflexion nécessaires pour qu'il devienne un adulte autonome, ce qui implique un processus progressif, une période de tâtonnement où l'on commet des erreurs, et où parents et adolescent échangent des idées, plus ou moins calmement, lors de nombreuses discussions.
> Lorsqu'ils accordent trop ou trop peu de liberté à l'adolescent, les parents font fausse route. Voici deux anecdotes éloquentes :
>
> David et Ellie organisent une boum pour leur fille âgée de quinze ans. Cette dernière fréquente une école privée huppée. Ils se disent qu'à cet âge, les jeunes ont envie d'être tranquilles. Par conséquent, ils restent au premier ▶

étage, dans « leur » partie de la maison, sans surveiller ce qui se passe en bas. Et ils ne voient pas qu'à 1 heure du matin, l'une des amies de leur fille fait un malaise, après avoir consommé trop d'alcool. L'adolescente restera seize heures dans le coma, en réanimation à l'hôpital, manquant de faire mourir d'inquiétude tous ses proches.

Patrick et Angelina adoptent une approche radicalement différente, en interdisant à leur fille de dix-sept ans d'aller à des fêtes, de peur qu'il y ait de la drogue, en lui interdisant d'aller chez des amis et en supervisant son alimentation, ses vêtements et ses devoirs. Lorsque des amis viennent rendre visite à l'adolescente, Patrick et Angelina les gavent de gâteaux et de glaces, rôdent perpétuellement dans les parages et s'efforcent d'engager la conversation, ce qui fait rapidement fuir les amis. À dix-huit ans, leur fille quitte la maison avec un batteur de rock au chômage avant de tomber enceinte trois mois plus tard. Elle ne donne aucune nouvelle à ses parents pendant deux ans.

Ces histoires qui font froid dans le dos vous inciteront sans doute à opter pour une « voie médiane ». Toutefois, les choses ne sont pas aussi faciles, chaque parent estimant que la position qu'il a choisie constitue un juste milieu. Il vous faudra définir un projet visant à rendre votre fille autonome, progressivement, d'une manière adaptée à son âge et à son évolution.

Voici quelques repères :

• Les filles n'ont pas la maturité nécessaire pour gérer des pressions sexuelles (qu'il s'agisse des leurs ou de celles des garçons) avant d'être âgées de seize ou dix-sept ans au mieux, parfois même plus tard. Par conséquent, la plus grande prudence s'impose concernant ▶

les boums sans surveillance, les groupes mixtes sans la présence d'adultes, les sorties entre amis sans objectif précis (faire des courses puis rentrer à la maison, ou assister à une manifestation sportive avec une amie puis rentrer directement sont des sorties que vous pouvez autoriser).

- Ne confondez pas confiance et vœux pieux. La confiance repose sur l'expérience.

« Nous t'avons fait confiance pour rentrer à 23 h vendredi soir quand tu étais chez tes amis et tu t'y es tenue. Par conséquent, tu pourras à nouveau sortir cette semaine. »
« Tu avais dit que la mère de Jenny te raccompagnerait à la maison après l'entraînement, or tu es rentrée avec son frère. Ce n'est pas ce qui était convenu. Si tu veux aller chez elle ce week-end, tu devras nous téléphoner et nous viendrons te chercher. Comme c'est assez loin de la maison, tu prépareras le dîner un soir de la semaine en contrepartie. »
« Si tu fais des efforts pour que la maison et ta chambre soient bien rangées cette semaine et si tu prépares le dîner un soir, j'aurai moins l'impression d'être la bonne dans cette maison. Alors, nous pourrons reparler de ton idée d'inviter des amies à dormir à la maison. »

L'idée est très simple et vieille comme le monde : la liberté se mérite. Il ne s'agit pas d'adopter une attitude trop froide et mécanique mais de considérer la question de manière détendue et pragmatique. Les adultes fournissent leur part d'effort. Les adolescents, eux, apprennent à le faire. Vous devez leur communiquer le message suivant : plus tu te montreras responsable, plus tu pourras avoir des responsabilités. Souvenez-vous aussi que la personne ▶

en face de vous est, malgré ses revendications appuyées, quelqu'un de jeune, qui peut commettre des erreurs de jugement ou se surestimer. Procédez très progressivement.

• Lorsqu'un problème survient, parlez-en à la première personne, plutôt qu'en attaquant l'adolescente et en l'accablant de reproches.
« J'ai eu très peur et je n'ai pas fermé l'œil de la nuit. Je me suis demandé s'il fallait appeler la police. Je tiens tellement à toi... Je ne veux pas revivre ça. Je veux que tu me téléphones systématiquement pour me prévenir quand il y a un problème. »
« J'étais très gênée que tu utilises de tels gros mots pendant que nous discutions avec ton professeur de sixième. J'aimerais que tu tiennes compte de l'environnement dans lequel tu te trouves et que tu utilises un vocabulaire adapté à la situation. »

• Les disputes, qui portent précisément sur ces questions, font partie intégrante de l'adolescence. Prenez-les à la légère, sans en faire une affaire personnelle. Elles signifient que votre adolescente grandit. À cette étape de son évolution, son cortex frontal se développe et il peut se montrer incroyablement borné par moments. Les discussions et même les disputes, lorsqu'elles ne s'enveniment pas trop, lui permettent de retrouver un mode de réflexion plus rationnel.

• Le fait de savoir que vous l'aimez facilitera les choses pour l'adolescente. Veillez à préserver un équilibre entre les moments sérieux et les moments de détente, entre les critiques et les encouragements, entre la chaleur et la rigueur. Votre objectif est que votre fille sente que vous ▶

l'aimez et que tous les prétextes sont bons pour que vous vous amusiez ensemble : augmentez le volume de la radio quand vous entendez une chanson qui vous plaît et déhanchez-vous dans la cuisine, plaisantez, faites un gros câlin dans le canapé, parlez de vos vies respectives. Respect de l'emploi du temps, devoirs, cours de danse, préoccupations des parents, travail : dans certaines familles, toutes les discussions sont tellement sérieuses, en permanence, que cette situation à elle seule suffirait à déprimer n'importe quel adolescent.

Si votre propre vie ou celle de vos enfants vous stresse beaucoup, vous risquez d'empirer la situation. Dans ce cas, le recours à un psychologue peut se révéler utile. Il vous fournira un soutien émotionnel et vous aidera à relativiser. Vous pouvez aussi, pour prendre du recul, parler avec vos amis et échanger vos expériences. Toutefois, la meilleure solution consiste à lever le pied, en déléguant certaines responsabilités et certaines tâches. Ainsi, lorsque des difficultés imprévues surgiront, elles ne seront pas la goutte d'eau qui fait déborder le vase, puisque vous aurez des « réserves » de calme. Exception faite des toutes premières années de votre fille, la période qui s'étend du début au milieu de l'adolescence est celle où votre fille a le plus besoin d'être encadrée. Il vous faudra être disponible et vous impliquer dans son éducation. L'adolescence n'est pas le moment adéquat pour vous mettre en retrait et souffler.
Toutefois, cette période peut aussi être amusante, et la récompense est la naissance d'une jeune adulte extraordinairement autonome.

Garder le cap

Au début de la puberté, beaucoup de filles laissent leurs résultats scolaires se détériorer. Cette baisse peut se comprendre si l'on considère les incroyables changements physiques et émotionnels qui se produisent en elles. Ces jeunes filles ont besoin de patience et de compréhension. Les punitions et les pressions ne feront que les pousser dans leurs retranchements. Souvenez-vous du nombre de filles qui décident de se suicider parce que leurs résultats scolaires ne sont pas conformes aux attentes de leurs parents. Si le taux de suicide est plus élevé chez les garçons que chez les filles, tous les parents doivent prendre ces chiffres au sérieux. C'est durant la puberté que votre fille a le plus besoin de vous, et si elle rencontre des difficultés scolaires, il est de votre devoir de la soutenir.

L'enfant doit apprendre à assumer des responsabilités, mais cet apprentissage s'effectue progressivement. Fixez-vous la règle suivante : si votre fille ne respecte pas ses obligations, elle ne peut demander de faveurs. « Tu peux aller au cinéma mais avant, tu dois terminer tes devoirs. » « Je veux bien te conduire chez ton amie, si tu nettoies ton aquarium. » Si le « donnant-donnant » ne porte pas ses fruits et si la situation se détériore, il vous faudra de l'aide. Parlez-en avec votre conjoint, avec les enseignants de votre fille, avec d'autres parents ou avec un psychologue.

Dans certains cas, une personne extérieure pourra discerner mieux que vous ce qui se passe et vous aider à trouver des solutions.

Pour beaucoup d'adolescentes, l'école est avant tout un lieu où elles retrouvent leurs amies et des garçons qui les intéressent. S'il y a une bonne ambiance à l'école et si les élèves peuvent parler ouvertement à leurs enseignants et entre eux, les jeunes se montreront disposés à y assumer des responsabilités. J'en veux pour preuve l'enthousiasme avec lequel les jeunes s'impliquent dans la préparation de spectacles ou dans la mise en place de programmes de collecte de fonds à des fins humanitaires.

Quelques crises courantes à l'adolescence

L'entrée dans le monde des adultes constitue la phase la plus difficile de l'existence. Rien d'étonnant, donc, si beaucoup de jeunes traversent une crise durant cette période. Toutefois, de nombreux problèmes peuvent être surmontés par le dialogue, avec les parents, des amis, des parrains et marraines, ou avec d'autres personnes.

Durant cette période, les filles ont besoin de parents « forts », c'est-à-dire ayant des convictions, sans être tyranniques. Votre fille doit connaître vos valeurs et savoir que vous vous y tenez, même si les vôtres sont différentes des siennes. Mais elle doit aussi savoir que vous serez toujours là pour elle, même si elle commet des erreurs. Pour qu'un dialogue sincère soit possible, ce niveau de confiance et de compréhension doit exister entre vous.

Essayez de garder présente à l'esprit l'idée que toute crise est porteuse d'opportunités. Une adolescente qui se teint les cheveux en bleu, qui est tout le temps en colère, qui parle mal, qui a de mauvaises notes, qui vole ou qui souffre d'anorexie (la liste est loin d'être exhaustive) ébranle toute la famille. Même si vous avez, par moments, du mal à y croire et à agir en conséquence, sachez que tous ces comportements recèlent des possibilités de changement.

Les thérapies familiales, qui constituent l'une des approches pour gérer ce type de crise, n'aident pas seulement l'adolescente mais la famille tout entière. Lorsqu'on reconnaît les situations spécifiques des individus, qu'on lève des secrets ou qu'on clarifie des situations complexes, tout le monde en sort gagnant. Une fois la crise surmontée avec succès, les relations familiales gagnent généralement en maturité, en profondeur et en chaleur.

Les adolescentes sont de plus en plus nombreuses à être confrontées à trois types de problèmes : les troubles de l'alimentation, les drogues et la dépression.

Les troubles de l'alimentation

Les troubles de l'alimentation, comme l'anorexie mentale (où l'on cesse de manger) ou la boulimie (où les énormes quantités de nourriture absorbée sont régurgitées intentionnellement), touchent essentiellement les filles.

Pour des raisons évidentes, ces troubles ne surviennent que dans les pays riches, où tout le monde mange à sa faim. Les structures familiales sont très différentes dans les pays riches et dans les pays pauvres. Dans les premiers, beaucoup d'enfants ne sont pas gardés de manière naturelle : ils voient peu leurs parents, et les moments passés en famille sont généralement empreints de conflits. En effet, nous, parents, sommes nombreux à être soumis à d'intenses pressions. Nous nous sentons obligés d'atteindre des niveaux de performance élevés et nous sommes perpétuellement soumis au stress. Dans un tel contexte, nous avons tendance à oublier qu'un enfant a besoin de choses toutes simples, comme de savoir qu'il fait partie d'une famille, et que cette famille le comprend. Et que, pour cela, nous devons lui consacrer du temps.

Dans son ouvrage consacré aux crises du développement des jeunes filles, la psychiatre Dörte Stolle raconte l'histoire de Carina, une adolescente souffrant d'anorexie. Carina, âgée de quinze ans, estimait que sa mère lui préférait son petit frère et ne s'intéressait pas assez à elle. Elle ne voyait que rarement son père, qu'elle adorait. D'un côté, Carina avait le sentiment qu'on lui en demandait trop, et notamment d'assumer, d'une certaine manière, un rôle de conjoint pour sa mère, mais d'un autre côté, en tant qu'enfant, elle se sentait soumise à trop d'interdits. Comme elle désirait davantage d'autonomie, elle a cessé de s'alimenter, ce qui eut pour résultat d'anéantir toute l'autonomie qu'elle possédait. Ses jours étaient en danger : elle ne pesait plus que 44 kilos pour 1,68 m et elle a été hospitalisée dans un service de psychiatrie pour adolescents.

Grâce à des entretiens, à l'ergothérapie et à l'hypnothérapie, Carina a finalement réussi à vaincre la maladie.

Tant que vous maintiendrez le lien avec votre fille à l'adolescence, vous ne risquerez pas de la perdre.

Elle a écrit à ce sujet : « Mes parents n'étaient pas des modèles pour moi. Ils ne me comprenaient absolument pas, mais ils faisaient toujours comme si tout allait bien. Ces dernières années, mon père était constamment en déplacement professionnel. Souvent, nous ne nous voyions que le week-end. Je crois que ma mère a cherché à le remplacer et qu'elle s'est efforcée de renvoyer l'image d'une famille harmonieuse vers l'extérieur, alors qu'elle n'était ni heureuse, ni satisfaite. D'une certaine manière, j'avais le sentiment que j'aurais dû l'aider. Par moments, j'avais même l'impression de ne pas être sa fille, mais son conjoint[34]. »

Si les divergences d'opinion sont normales à la puberté, votre fille ne doit pas se sentir totalement incomprise. A-t-elle le sentiment qu'elle doit vous aider ou faire office de conjoint ? Si vous pensez que c'est peut-être le cas, il est temps de réagir. Essayez de faire une thérapie familiale avant que votre fille traverse une crise mettant ses jours en danger.

Ne coupez pas le lien

Si vous écoutez votre fille dès sa plus tendre enfance et si tous les membres de la famille peuvent exprimer librement leurs sentiments, la famille tout entière trouvera de meilleurs moyens de cohabiter. Comme les enfants s'efforcent de se montrer coopératifs, il leur arrive de cacher leurs véritables sentiments s'ils pensent que ces derniers risquent de contrarier leurs parents. Carina n'a jamais dit à son père : « Papa, je t'en prie, reste, j'ai besoin de toi ! » Et elle n'a sans doute jamais montré que les rapports entre son petit frère et sa mère suscitaient en elle de la colère, parce qu'elle voulait être une bonne fille.

Des parents attentifs auraient pu comprendre, en s'intéressant au comportement de Carina, qu'elle n'allait pas bien, et ce, avant qu'elle cesse de s'alimenter. Ils se seraient alors efforcés de découvrir la nature de ses problèmes et de les résoudre. Si la personnalité de votre fille l'incite à exprimer ses sentiments en hurlant, sans aucune inhibition, réjouissez-vous ! Cela prouve qu'elle possède une excellente technique de survie. Et peut-être pourrez-vous en tirer certaines conclusions concernant votre propre comportement ?

La drogue et l'alcool

Lisa, qui avait elle aussi le sentiment que ses parents ne la comprenaient pas, s'est mise à boire régulièrement de l'alcool à treize ans. Elle s'est rebellée contre ses parents, qui ont réagi en la punissant, en faisant preuve de sévérité et en la surveillant de près. « Tu vas finir sous les ponts ! » lui répétait son père. Il était l'incarnation même du père accusateur et culpabilisant. Sa mère au contraire tentait d'ignorer les problèmes et détournait le regard lorsque Lisa se mettait à boire. Après tout, il fallait sauver les apparences.

Lisa se sentait tiraillée entre ses deux parents. Sa mère n'était pas un modèle : elle ne savait pas s'imposer et elle n'avait pas d'opinion à elle. Son père, lui, aurait pu être un meilleur modèle, parce qu'il avait des convictions et qu'il les exprimait, mais Lisa le détestait car il se moquait d'elle et la punissait pour la moindre broutille (du point de vue de Lisa, s'entend).

Après une séance de thérapie familiale, les deux parents ont réussi à améliorer leur comportement, individuellement et en tant que couple. Le père de Lisa a accordé davantage d'espace à sa fille, tout en exigeant qu'elle se plie à certaines règles, et notamment qu'elle ne boive pas d'alcool. Il a également fini par lui consacrer de l'attention (positive) et du temps, en la conduisant à ses activités et en la soutenant davantage. Les relations entre le père et la fille se sont améliorées, et ils ont réussi à se parler à nouveau normalement. La mère de Lisa a exprimé ses opinions plus souvent et a montré à Lisa qu'elle avait ses propres objectifs et ses propres centres d'intérêt dans la vie tout en soutenant son mari lorsque celui-ci exigeait que Lisa respecte les règles fixées d'un commun accord.

Pour ses quatorze ans, Lisa a eu le droit de faire une boum, sans alcool ni cigarettes, mais avec de la musique à plein volume.

À la puberté, beaucoup de filles consomment de la drogue, de l'alcool ou se mettent à fumer. On ne peut guère les en empêcher. En revanche, vous pouvez montrer l'exemple et exprimer votre point de vue. Le message à transmettre à votre adolescente est le suivant : « Nous sommes là pour toi et nous serons à tes côtés, même si tu commets des erreurs. Voyons ensemble comment rattraper les choses. »

La dépression

Chez l'adolescent, la dépression a différentes causes : fin d'une amitié, mort ou maladie grave d'un membre de la famille, stress et échec scolaires, ou rejet d'une personne aimée. Tous ces événements peuvent conduire à la dépression, voire au suicide chez certains sujets. De même, la dépression est souvent associée à l'anxiété. En tant que parents, vous devrez prendre très au sérieux les premiers signes de dépression.

Comment déterminer si votre fille souffre d'une dépression ? Selon le DSM-IV (répertoire de toutes les maladies mentales identifiées), les signes pouvant indiquer qu'une personne souffre de dépression sont les suivants :

- humeur déprimée ou irritable,
- baisse de l'intérêt ou du plaisir suscité par la plupart des activités,
- changement significatif du poids ou de l'appétit,
- insomnie ou hypersomnie,
- fatigue intense ou perte d'énergie,
- sentiment d'inutilité ou de culpabilité,
- altération des capacités de réflexion, de concentration ou de prise de décision,
- idées suicidaires[35].

Si votre fille présente cinq ou plus de ces symptômes pendant deux semaines, de manière persistante, il est possible qu'elle souffre de dépression.

Il est rare que les filles dépressives expriment explicitement leur état à leur entourage. Elles ont tendance à avoir peu d'amies, voire pas d'amies du tout, et se replient souvent sur elles-mêmes. Un animal de compagnie, comme un chien ou un cheval, peut être d'un grand secours. Si vous entretenez de bonnes relations avec votre fille, des discussions compréhensives, proposant des solutions et porteuses d'espoir et de confiance, peuvent également être utiles. Toutefois, si vous êtes vraiment inquiet, allez consulter.

Les solutions proposées aux adolescentes dépressives sont nombreuses et il existe des personnes compétentes dont le métier est de soigner les troubles psychiques. Toutefois, il faut tout d'abord que votre fille accepte de se faire aider. La personne que vous rencontrerez dans un premier temps pourra vous aider à soutenir votre fille et saura vous expliquer les différents traitements possibles et vous aider à déterminer celui qui sera le mieux adapté à votre fille.

L'autodéfense et ses avantages

Nous vivons dans un monde violent, dans lequel nous devons nous battre. Dans l'ensemble, nous, les femmes, n'avons pas appris à le faire, mais cela doit changer. Les cours d'autodéfense aident les femmes à s'endurcir et à avoir une bonne appréciation de leurs aptitudes physiques et de leur force. Ils les aident également sur un plan psychologique, en leur enseignant qu'elles ont le droit de s'affirmer, d'occuper un espace et de défendre leurs positions et leurs points de vue. Par conséquent, l'autodéfense n'est pas seulement une question d'aptitudes physiques. C'est aussi une attitude, qui consiste à revendiquer : « Oui, j'ai le droit de me battre ! »

Aidez votre fille à prendre plaisir à l'exercice physique et à l'expression physique, et encouragez-la à considérer son corps comme un temple !

Renseignez-vous sur les cours proposés dans votre quartier ou dans votre région. L'aïkido, le judo et le karaté sont des sports de combat qui renforcent tout le corps. Ils enseignent également le respect de l'adversaire ; c'est ce que l'on exprime en s'inclinant devant lui, avant et après chaque combat. Car, après tout, c'est seulement grâce à l'adversaire qu'on apprend et qu'on progresse.

Il existe aussi des stages rapides d'autodéfense, qui enseignent des techniques spéciales, applicables immédiatement, sans passer par des années d'entraînement.

> **LA CONFIANCE EN SOI : CE QUI FAIT TOUTE LA DIFFÉRENCE**
>
> Nicky Marone raconte une anecdote véridique, celle de Ginny, une jeune femme de vingt et un ans qui travaillait dans un restaurant. Le soir, après le travail, cette petite femme frêle avait toujours peur d'aller jusqu'à sa voiture. Un soir, elle a remarqué un homme près de son véhicule. Terrorisée par la perspective de se faire agresser, elle a malgré tout décidé de prendre son courage à deux mains et de se défendre. Elle a d'abord jeté son sac à main par terre, puis elle a adopté une posture d'autodéfense, les pieds bien écartés, le poids réparti sur ses deux jambes, les poings devant le visage. Elle a crié : « Eh, vous là-bas. Je ne sais pas ce que vous voulez ni ce que vous faites là, mais je vous préviens, ça ne va pas être facile ! Je suis prête. »
>
> Un instant, ils sont restés face à face. Puis l'homme a tourné les talons, et il est parti, sans se retourner. Ginny s'est dit que si elle avait réussi à se comporter ainsi, c'était grâce à son père. Elle était le deuxième enfant de la famille et ses parents espéraient avoir un garçon. Son père l'amenait à la pêche et à la chasse avec lui, il jouait à la lutte avec elle et il lui a appris à réparer des voitures. Ainsi, Ginny, d'une certaine manière, a pu s'identifier à des schémas de comportement masculins. Marone écrit : « Ginny aurait certainement été victime d'une agression si elle n'avait pas appris à se comporter agressivement. Malheureusement, on n'encourage pas les comportements agressifs chez les femmes [36]. »

> **EN BREF**
> - Expliquez à votre fille les changements physiques qui accompagnent le début de la puberté et dites-lui qu'ils peuvent s'accompagner de changements émotionnels surprenants.
> - Abordez librement le sujet des règles et parlez-en comme d'un événement à célébrer – l'entrée dans le monde des femmes – et non comme d'une malédiction.
> - Préservez le lien avec votre fille lorsqu'elle devient adolescente.
> - Trouvez un juste équilibre entre liberté et restrictions de ses activités afin d'aider votre fille à traverser ces années délicates.
> - Soyez attentifs aux trois principaux dangers qui guettent les adolescentes : les troubles de l'alimentation, la drogue, l'alcool, et la dépression.
> - Conseillez-lui d'acquérir quelques connaissances en autodéfense afin d'améliorer la confiance qu'elle a en elle-même et sa sécurité physique.

L'instinct maternel, un sentiment puissant

« May (quatre ans), Cristina (sept ans) et moi, leur mère, étions parties nous promener dans le bush australien, par une belle journée d'hiver. Depuis un certain temps, je pensais beaucoup à la sécurité de mes filles, à leur surveillance, à l'indépendance à leur accorder, etc. En regardant mes adorables filles jouer et courir, chahuter et rire, je décidai de chasser toutes ces pensées de mon esprit

pour profiter de cette belle journée. Nous avions décidé d'aller jusqu'à Turtle Creek, pour essayer d'apercevoir des tortues.

"Allez, on court !" lança Cristina, non loin d'un pont qui enjambait la petite rivière. Inutile de le répéter deux fois à May, qui prit ses jambes à son cou. En quelques minutes, nous avions rejoint le pont, hors d'haleine. Il venait de pleuvoir : tout était mouillé, vert et étincelant. Après la pluie, l'eau de la rivière était très boueuse. Ce magnifique spectacle m'emplit de bonheur.

May grimpa sur un rondin qui bordait le pont. J'allais ouvrir la bouche pour lui dire de descendre, mais trop tard ! Je vis un petit bras vert disparaître dans les eaux boueuses, plusieurs mètres plus bas. Incapable de réfléchir, je hurlai, scrutant des yeux la rive envahie par la végétation et j'enlevai mes bottes et mon gros pull en laine. J'accomplis tous ces gestes automatiquement, sans même m'en rendre compte, à tel point que plus tard je fus surprise de retrouver mon pull sur le pont.

Je regardai en bas : nulle trace de May. Je longeai les bords du pont pour trouver un endroit d'où sauter dans l'eau, loin de celui où May avait glissé afin de ne pas tomber sur elle. Je me sentais très forte. Je sautai du pont et me laissai tomber dans la rivière. Heureusement, il n'y avait que de l'eau à l'endroit où j'atterris – ni rochers, ni rondins, et pas de May.

Pas de May ? Mais où était-elle ? Je me mis à paniquer. Le pire traversa mon esprit. Je ne pouvais pas plonger sous l'eau, car il n'y avait aucune visibilité. Je me mis à tâtonner autour de moi, dans l'espoir de rencontrer un bras ou une jambe… n'importe quoi pour pouvoir la remonter à la surface. Mon cœur battait la chamade et je me mis à sangloter. Je pensai : Je ne veux pas perdre un enfant. Je ne veux pas… je ne veux pas… je ne veux pas…

Soudain, je sentis quelque chose entre mes doigts, quelque chose. Je l'attrapai et, en une fraction de seconde, ma vie bascula à nouveau. Crachant de l'eau, toussant, pleurant, May était dans mes bras. Je la serrai tellement fort contre moi que je contribuai sans doute à faire sortir ce qui restait d'eau dans ses poumons. Elle était là, je l'avais retrouvée, elle était vivante !

Je ne sais pas comment nous sommes sorties de l'eau, ni comment nous sommes rentrées à la maison. Je n'en ai aucun souvenir. Ce dont je me souviens, en revanche, c'est de Cristina, qui m'a regardée de ses grands yeux bleus pétillants de malice et qui m'a dit : "Maman, quand tu t'es balancée pour sauter du pont, on aurait dit un singe !" »

Micky

Fixer des limites

« *Pour les parents, l'une des tâches les plus difficiles consiste à fixer des limites. Celles-ci sont pourtant essentielles, tant pour les parents que pour l'enfant. L'âge de quinze ans peut se révéler particulièrement difficile. Lorsque l'une de mes filles avait cet âge, elle arrivait à me faire sortir de mes gonds comme personne. J'avais tendance à réagir de manière très négative.*

Un soir, nous avons eu une dispute terrible, je ne me souviens même plus à quel propos. J'avais le sentiment qu'elle ne se rendait absolument pas compte que moi aussi j'avais des besoins et des droits ou qu'elle ne voulait pas en tenir compte. J'étais tellement en colère que je lui ai lancé que je m'imaginais en train de la pousser dans l'escalier. Je me suis rendu compte que c'était une chose terrible à dire, et à penser. Elle n'a pas paru perturbée le moins du monde et elle s'est contentée de me dire que le lendemain il fallait que je la conduise à l'école à 7 heures. Je lui ai répondu qu'elle n'avait qu'à prendre le bus.

Le lendemain matin, il faisait sombre et il pleuvait. En passant devant l'arrêt de bus avec le chien, comme je le faisais tous les matins, j'ai vu ma fille qui m'a dit : « Je viens de rater le car. Rentre chercher la voiture pour me conduire à l'école, d'accord, hein Maman ? »

J'ai refusé à nouveau. Je suis partie en courant pour m'arrêter au coin de la rue, où je me suis effondrée en larmes. Après cet incident, les choses se sont arrangées entre nous, mais ce qui est très intéressant, c'est qu'elle n'a gardé aucun souvenir de cet incident, alors que pour moi, c'est un moment charnière dans l'évolution de nos relations.

Aujourd'hui, ma fille est devenue une jeune femme extraordinaire, avec laquelle j'adore passer du temps. Récemment, elle m'a envoyé un SMS pour me dire qu'elle me trouvait fabuleuse ! Ce sentiment est réciproque. »

Delwyn

Chapitre 8

Les relations au sein de la famille

Si les relations mère-fille et père-fille sont très différentes et jouent des rôles distincts dans le développement de l'enfant, l'idéal serait qu'elles soient tout aussi étroites.

Le lien mère-fille est unique et très fort. Les poupées russes, les fameuses matriochkas, qui cachent une poupée qui elle-même cache une poupée, symbolisent parfaitement cette relation : au fil des générations, une femme émerge d'une autre femme.

La plupart des mères sont très proches de leur fille, dès la naissance de l'enfant, ce qui s'explique en partie par les neuf mois de grossesse. Beaucoup de pères m'ont dit que, pour eux, le bébé était devenu « réel » au moment de sa naissance. Pour d'autres pères, le lien ne s'est pas créé instantanément, mais il s'est joliment noué au fil du temps.

Mères et filles

Les relations mère-fille ne sont pas toujours sereines. Les rapports qu'une femme a avec sa propre mère influencent le lien qui l'unit à sa fille. La sociologue Marianne Krüll nous donne un exemple de l'impact de cette relation sur la génération suivante : « Ma mère traitait sa propre mère avec condescendance et mépris. J'ai appris, à travers son exemple, qu'il était normal pour une fille de mépriser sa mère. Elle m'a servi de modèle pour ce type de comportements. Et vingt ans plus tard, j'ai traité ma mère de la même manière qu'elle traitait la sienne [37]. »

Certaines mères qui n'ont pu faire les études ou la carrière dont elles rêvaient poussent leur fille à accomplir ce qu'elles n'ont pu réaliser. Avec les meilleures intentions du monde, elles placent en leur fille des attentes qui ne correspondent pas aux besoins de celle-ci. Une mère peut par exemple obliger sa fille à prendre des cours de piano ou de danse classique, alors que celle-ci aurait voulu faire du hand-ball. Les filles qui grandissent en portant les rêves de leur mère ont souvent le sentiment de vivre dans un carcan, ce qui les incitera plus tard à acquérir leur liberté par la force, dans un processus douloureux.

En respectant votre fille et en lui accordant de l'attention, vous l'aiderez à développer tous ses dons

Une femme qui a reçu peu d'amour, voire pas d'amour du tout, de la part de sa propre mère aura parfois du mal à devenir une mère aimante. On dit volontiers de ces mères qu'elles ne sont pas « naturelles », ce qui est injuste, dans la mesure où leur comportement est dû à l'enfance. Une mère « non naturelle » a été une enfant négligée. Si ce passé et cette souffrance restent cachés, si la mère ne les reconnaît pas et n'y travaille pas, son attitude marquée par l'indifférence ou la maltraitance se transmettra d'une génération à l'autre. En revanche, si elle parvient à clarifier ses propres sentiments et ses désirs par le biais d'une thérapie ou de toute autre méthode, elle pourra explorer une nouvelle voie, porteuse de guérison, et le cycle sera brisé.

Dans les entretiens que j'ai menés avec plusieurs mères au sujet de leur fille, j'ai discerné beaucoup de haine. L'histoire de Blanche-Neige (voir plus haut) traite d'ailleurs de ce problème. Si vous avez le sentiment de ne pas parvenir à communiquer avec votre fille et que son comportement vous semble incompréhensible, il serait sans doute utile que vous vous intéressiez à vos relations avec votre propre mère. Mettez-vous à la recherche du style de thérapie qui vous convient le mieux et d'un(e) thérapeute à qui vous faites confiance. Après tout, nous vivons à une époque et dans un pays qui offrent des possibilités de guérison – autant en profiter !

En vous intéressant à votre bagage personnel en tant que mère et en travaillant pour amorcer un processus de guérison, vous parviendrez peut-être à voir votre enfant sous un jour réellement nouveau. Dans ce contexte, il peut être intéressant de faire de la peinture ou de jouer avec votre fille. Les contes et les histoires peuvent eux aussi apporter une aide. Le résultat final de ce processus sera de vous détacher de l'idée que votre enfant doit se calquer à vos désirs. Si cette idée est enracinée dans votre propre enfance, il est fort possible que votre mère ait eu la même approche avec vous.

Si vous ne rencontrez pas ce type de difficultés, mais que vous ressentez plutôt un lien fort et un amour profond pour votre fille, vos relations ont toutes les chances d'être harmonieuses et sereines. Et il est probable que vous parviendrez à régler les conflits de la vie quotidienne avec humour et bienveillance, du moins jusqu'au début de la puberté.

Une leçon d'histoire familiale

Parlez à votre fille des femmes de sa famille, sa mère, ses tantes, ses cousines, ses grands-mères et arrière-grands-mères, en remontant aussi loin que possible. Efforcez-vous de découvrir ce que ces femmes ont à leur actif – grandes et petites réalisations. « Je me souviens de tant d'histoires que ma grand-mère m'a racontées dans la cuisine, explique mon amie Angela. Elle était très proche de la nature. Elle cultivait ses légumes et elle connaissait beaucoup de choses sur l'alimentation. » Je pense qu'à une époque marquée par les multinationales du fast-food et les stars créées de toutes pièces par les médias, il est essentiel de perpétuer cette sagesse féminine ancestrale. Il est important que votre fille comprenne qu'au cours de l'histoire les femmes ont été les garantes de nombreux savoirs et savoir-faire essentiels. Pensez à toutes les magnifiques pièces d'artisanat produites par les femmes d'antan, des femmes qui tricotaient, faisaient du crochet, de la couture et de la dentelle lorsqu'elles n'étaient pas occupées à la cuisine, à la lessive ou au ménage. Que savez-vous de ces savoir-faire ? Quels sont ceux que vous maîtrisez ? Et, bien sûr, pensez à évoquer les pionnières, ces femmes qui se sont battues pour l'égalité avec les hommes et pour gagner leur vie – ce qui, récemment encore, demandait du courage et de l'intrépidité.

Interrogez-vous : qu'est-ce que les femmes de votre famille vous ont transmis, à vous et à votre fille ? D'ailleurs, pourquoi ne pas aller visiter un musée avec votre fille, pour en découvrir davantage sur le passé et faire ressurgir certains souvenirs ?

La puissance des ancêtres

Le passé peut nous insuffler de la force. Imaginez un instant toutes les femmes de votre famille qui vous ont précédées, debout derrière vous, pour vous donner leur bénédiction. Quel soutien !

Chaque jour qui passe, votre fille voit en vous un exemple. Vous pouvez observer les différences entre elle et vous. En la respectant, en lui accordant de l'attention et en la valorisant en tant qu'individu, vous l'aiderez à développer tous ses dons et ses talents.

Dans beaucoup de familles, on ne parle guère des morts. Les générations qui suivent peuvent souffrir de ce silence, qui cache parfois des secrets de famille. Si vous remarquez, dans l'histoire de votre famille, des personnes qui ont été bannies ou oubliées, ou dont le deuil n'a pas été fait, cherchez à en savoir davantage. La réalisation d'un arbre généalogique ou la rédaction de Mémoires familiaux peut se révéler utile pour rendre à ces individus leur place au sein de la famille et apaiser ceux qui sont vivants.

GEZA ET LENA : DES RELATIONS DIFFICILES

Geza est une personne douce, à la présentation soignée et qui s'habille avec goût. Elle a une fille, Lena, aujourd'hui âgée de sept ans. Depuis sa naissance leurs relations sont difficiles. « Bébé, elle pleurait tout le temps, me raconte-t-elle, elle n'était jamais contente. »

Geza semble croire que déjà toute petite sa fille cherchait à tourmenter ou à défier ses parents. Le père de Lena, qui est installé à son compte, travaille énormément. Il lui arrive même de travailler le soir. Ainsi, Geza passait presque toutes ses journées seule avec Lena lorsque celle-ci était petite, si bien que sa colère contre ce bébé qui pleurait sans cesse et qu'elle ne parvenait pas à calmer s'est accrue, petit à petit. Sentant la désapprobation de sa mère, la petite Lena se sentait rejetée et non désirée. La panique la poussait à hurler encore plus fort. « Elle allait jusqu'à se faire vomir, raconte Geza. À deux ans, elle hurlait jusqu'à s'en rendre malade. »

Aujourd'hui, les résultats scolaires de Lena constituent une nouvelle source de conflit. L'enfant refuse de faire ses devoirs et n'aime pas travailler à l'école. « Tout est un ▶

problème ! explique sa mère. Lorsque je vais faire des courses avec elle, elle en demande toujours plus. »

Lena se bat pour avoir le droit d'exister. Elle manque profondément d'assurance et n'a pas le sentiment d'être aimée. Je vous rappelle que le moyen le plus simple de donner de l'amour à un enfant est de passer du temps avec lui, de l'écouter, de parler avec lui et de l'observer. Rien ne sert de critiquer un enfant avant d'être uni à lui par une véritable relation. Dans le cas de Lena, les critiques concernant son attitude à l'école et ses devoirs ne font qu'empirer son comportement.

Après une discussion avec la maîtresse de Lena, Geza a réussi à passer outre le travail scolaire de sa fille pendant un temps, pour travailler à l'amélioration de leurs relations. Par exemple, la mère et la fille ont commencé à prendre leur goûter ensemble et à profiter de ce moment pour parler de leur vision des choses. Ce rituel a ouvert des portes et a restauré une certaine confiance.

Les relations entre la mère et la fille étaient visiblement tendues dès le début. On peut imaginer que l'accouchement a été difficile, ou que Geza ne désirait pas réellement cette enfant, ce que le bébé a senti.

Même si Geza veille à s'impliquer dans le travail scolaire de Lena et à ce que sa fille ne manque de rien sur le plan matériel, elles demeurent incapables de créer un lien solide ou une relation de confiance. Elles n'ont pas confiance en leur amour, ce qu'elles refusent d'admettre. Pour que les choses changent, Geza doit se tourner vers sa propre mère et se pencher avec elle sur leurs propres relations. Quel est le bagage provenant de la famille de Geza, qui a aujourd'hui un impact aussi négatif ? Que s'est-il passé avec la mère et la grand-mère de Geza ? De quelle enfant ne s'est-on pas occupée ? Qu'est-ce qui a été passé sous silence ? Quelles sont les personnes ▶

> dont on n'a pas fait le deuil ? Et quels sont les pas possibles vers une situation meilleure ?
> Les absences fréquentes du père de Lena, qui aurait pu avoir une influence extrêmement bénéfique, pèsent lourd dans l'histoire de Geza et Lena, car la fillette est privée d'expériences positives avec des hommes.

> **TESSA ET NINA : L'AMOUR INCONDITIONNEL D'UNE MÈRE**
> Tessa a intitulé l'histoire qu'elle a écrite sur sa fille Nina *La Grande Surprise*. « Elle est si différente de moi, et elle l'a toujours été, dès sa naissance. En venant au monde, elle a poussé un cri puissant tout de suite et j'ai su qu'elle serait forte. »
> Tessa est une femme réservée et simple. Elle accorde peu d'importance aux apparences. Elle a donc été très surprise de constater qu'à l'âge de trois ans sa fille se changeait plusieurs fois par jour. Et quand Nina a découvert le vernis à ongles chez une de ses amies, cela a été une véritable révélation. « À quatre ans, elle voulait des chaussures en cuir. Ce n'est certainement pas de moi qu'elle tient cela ! » explique Tessa. « Et autre chose, ajoute-t-elle, étonnée. Ma fille dit toujours ce qu'elle veut. Et ensuite, elle insiste pour arriver à ses fins. C'est épuisant, mais je l'admire pour cela. » Tessa est très différente de sa fille, mais elle accepte Nina telle qu'elle est et sa fille lui apprend une multitude de choses.
> Cette attitude facilite des relations de qualité. Comme toute mère, Tessa formule un souhait pour Nina. « Plus tard, Nina sera quelqu'un de fort. » Toutefois, cette attente n'a pas d'impact négatif, puisqu'elle ne cache aucune désapprobation. C'est une attente totalement positive. ▶

> Son attitude attentive et une certaine forme de curiosité à l'égard de sa fille permettent à Tessa de lui porter un amour inconditionnel, et c'est la meilleure condition qui soit pour établir des relations heureuses entre une mère et sa fille.

Pères et filles

Le père est le premier homme dans la vie de sa fille. C'est dire s'il joue un rôle important. Il représente l'élément masculin, l'« Autre », avec tout ce qu'il peut avoir de fascinant. Par conséquent, c'est un modèle. Les filles compareront tous les hommes qui compteront dans leur vie à leur père.

Si votre fille et vous (son père) avez de bonnes relations, si vous êtes très proches, elle choisira certainement un mari qui vous ressemble ; à moins qu'elle opte pour le contraste, cherchant à relever un défi. De la même manière, toutes les femmes ayant eu de mauvaises expériences avec leur père chercheront un homme très différent. Bien sûr, toutes n'atteignent pas cet objectif, et certaines femmes répètent les schémas de comportement acquis durant leur enfance.

Tout comme pour les relations mère-fille, les problèmes à l'origine des relations tendues entre un père et sa fille peuvent se transposer d'une génération à l'autre, s'ils ne sont pas réglés. On sait par exemple que les filles maltraitées fondent souvent des familles dans lesquelles elles-mêmes ou leurs filles sont maltraitées.

Le « complexe positif du père » (voir p. 48) se produit lorsque les filles admirent et adorent leur père plus que tout, s'adaptent à lui avec bonheur et cherchent à lui faire plaisir. En retour, ces pères sont extrêmement fiers de leur fille et l'encouragent systématiquement. Il est important ici de rappeler qu'à la puberté se produit un détachement qui est essentiel. S'il n'intervient pas, la fille passera toute son existence à s'adapter aux hommes et ne développera pas sa propre identité. L'estime de soi de ces femmes sera entièrement fonction de l'admiration qu'elles parviennent à susciter chez les hommes. On imagine aisément la tragédie quand ces filles perdent leur père ou ces femmes perdent leur mari.

À l'inverse, une femme qui durant son enfance n'a pas reçu d'amour parental constant, idéalement de la part de ses deux parents, sera profondément affectée dans son estime de soi. Ne se jugeant pas digne d'être aimée, elle passera sa vie à s'offrir inconsciemment comme victime, convaincue qu'elle ne mérite pas mieux.

Le père est le premier homme dans la vie de sa fille. C'est à dire qu'il joue un rôle important.

> ### MON PÈRE À MOI
> Il est évident que mon père m'a façonnée. C'était un homme bon, qui a toujours donné à ses enfants le sentiment d'être désirés et de posséder de nombreux dons et talents. Il nous consacrait beaucoup de temps. Pourquoi était-il devenu un père si aimant ? Tout d'abord, il avait perdu son père très tôt. Il désirait que nous ayons beaucoup de souvenirs de lui (même si, bien évidemment, il ne voulait pas mourir tôt !). De plus, il avait grandi en- ▶

> touré de filles, ce qui explique peut-être certains comportements féminins ou du moins le fait qu'il était à l'aise avec les filles et les femmes et qu'il les comprenait mieux que beaucoup d'hommes. Et puis, le troisième élément est peut-être qu'il n'a jamais dû partir à la guerre.

De nos jours, beaucoup de pères savent qu'ils jouent un rôle décisif dans la vie de leurs enfants. J'ai lu récemment un article dans un magazine, que j'ai trouvé amusant : même les fabricants de parfums sont en train de revoir leur image de l'homme. Ils pensent que les hommes n'ont plus besoin de prouver leur virilité et que leurs priorités ont changé : ils s'impliquent davantage dans la vie de la famille et à la maison. Peut-être est-ce pour cela qu'ils ont désormais des senteurs un peu plus féminines !

> **LES DIFFÉRENTS TYPES DE PÈRES** [38]
> Quel genre de père êtes-vous ?
>
> **Le père autoritaire**
> Ce type d'homme pense que sa femme doit se soumettre à lui. Nul besoin d'être visionnaire pour prévoir que les filles d'un père autoritaire risquent de se comporter en « victimes ». Privées du modèle d'une mère courageuse et rebelle, ces filles auront peut-être du mal à résister aux hommes mal intentionnés.
> Si vous vous reconnaissez dans cette description, posez-vous sérieusement la question suivante : est-il bon pour moi et les femmes de ma famille de faire exactement ce qu'on nous dit de faire ? Ne serait-il pas préférable que je sois plus indépendante ? Ne devrais-je pas laisser à ▶

ma fille le droit de prendre certaines décisions elle-même ? Tout d'abord, vous seriez sans doute plus proches, et votre fille apprendrait également qu'elle peut s'affirmer toute seule, par sa volonté, son intelligence et ses compétences.

Le père doux
Ce type de père est adoré par sa fille. Et cette dernière le manipule aisément : « Si maman dit non, peut-être que j'arriverai à faire dire oui à papa... » Le danger est que la fille d'un père doux apprenne à manipuler les hommes grâce à sa « ruse féminine ». Plus tard, elle risque de connaître des déceptions, en constatant que tous les hommes ne lui cèdent pas et que les mines boudeuses et les larmes ne portent pas toujours leurs fruits.
Le père doux est un bon père s'il montre à sa fille qu'il y a des règles et des limites à respecter, qu'il fait un front uni avec sa femme et qu'il ne laissera pas sa fille chérie les monter l'un contre l'autre. Un père qui montre son côté émotionnel à sa fille l'aidera à avoir confiance en lui et celle-ci n'hésitera pas à lui demander conseil plus tard.
Si vous appartenez à cette catégorie de père, n'oubliez pas de montrer à votre fille qu'il vaut mieux aborder certains sujets avec des arguments plutôt qu'avec des émotions.

Le bon père
Steve Biddulph
Un bon père est beaucoup plus qu'un ami. Son amour pour sa fille et son engagement sont inébranlables. Quoi qu'il arrive, il sera là pour elle, jusqu'à la fin de ses jours. Par conséquent, il doit être plus gentil, et pardonner plus qu'aucun ami ne pourra jamais le faire. En outre, pour mener à bien sa mission, un père doit parfois faire ▶

preuve de plus de fermeté qu'aucun ami ne se risquerait à le faire.

Par moments, les filles n'apprécieront guère ce que leur père aura à leur dire, ni les points sur lesquels il insistera. Un père authentique attend de sa fille qu'elle soit un membre coopératif de la famille, qu'elle tienne ses engagements, qu'elle traite les autres avec respect, qu'elle soit prévenante et qu'elle participe aux tâches quotidiennes de la famille (et il lui apprend à agir ainsi). Attention ! Fermeté n'est pas synonyme de méchanceté. Le père doit user de sa force tranquille et de sa bonne humeur, sans jamais attaquer ni intimider sa fille. Bien que cette relation repose sur le respect, elle ne sera pas, pendant des années, une relation d'égalité.

Au fond, c'est précisément cela que les enfants, y compris les adolescents, attendent de leurs parents. La conviction que leurs parents sont fermes et ne peuvent être manipulés est un facteur de sécurité pour eux.

Ce n'est qu'en tentant d'ébranler cette fermeté, en attaquant les raisonnements des parents et leurs valeurs que l'adolescent apprend à être fort vis-à-vis des autres et de lui-même. Petit à petit, et parfois dès son plus jeune âge, ce qui ne manquera pas de vous surprendre, votre fille commencera à avoir le dernier mot. Si vous êtes parfaitement honnête, vous vous surprendrez alors à penser : « Au fond, je crois qu'elle a raison. » Soit vous serez froissé, soit vous serez fier de la qualité de vos enseignements. Lors d'un barbecue, je me souviens avoir entendu un ami dire à sa fille adolescente, avec laquelle il avait une discussion animée : « Je ne suis pas d'accord avec toi, mais je trouve que tu mets beaucoup de conviction dans ce que tu dis et que tu as de bons arguments. » Le père et la fille avaient conscience que d'autres personnes suivaient leur discussion et la fille rayonnait de fierté. ▶

Être un bon père se joue en grande partie sur des petits détails : conduire sa fille à son entraînement et y assister sur le banc de touche, la consoler ou lui rendre le sourire ; connaître les noms de ses amis et faire connaissance avec leurs parents ; l'aider à trouver une bonne photo du Kakadu National Park sur Internet à 22 h 30 alors qu'elle finit un devoir à rendre pour le lendemain.

Si vous arrivez à partager des activités avec elle, en coopérant et dans la bonne humeur (par exemple pour assembler un meuble en kit !), sans vous énerver ni vous mettre en colère, vous poserez les fondements de l'approche qu'elle adoptera plus tard avec son conjoint. Plus important encore, vous poserez les jalons pour le choix de son conjoint. Si vous êtes distant, il est probable qu'elle sera attirée par un homme distant, ou par un homme faible si vous l'êtes vous-même, ou par un conjoint stressé si c'est votre cas. En somme, votre comportement influence l'avenir de votre fille, et c'est suffisamment important pour que vous vous efforciez d'avoir de bonnes relations avec elle.

Le temps des conflits ne doit représenter qu'une infime partie du temps que vous passez ensemble. Toutefois, il est essentiel que les conflits, lorsqu'ils surviennent, soient bien gérés. Si vous parvenez à dire « non » à votre fille, gentiment, en avançant des arguments de qualité et sans la rejeter, elle apprendra elle aussi à dire non, lorsqu'elle doit le faire, à ses proches et aux autres. Vous fixerez beaucoup plus efficacement des limites et obtiendrez plus facilement sa coopération si vous évitez de vous montrer hostile ou de lui faire peur. Par conséquent, vous ne devez pas recourir aux brimades, vous ne devez pas crier ni intimider votre fille. Beaucoup de lectrices se souviendront certainement de leur propre père lançant des phrases humiliantes telles que : « Tant que tu vivras sous mon ▶

toit, jeune fille... » (comme si elle avait le choix !) ; « Tu es égoïste, mal élevée, paresseuse et tu te moques du monde » (c'est peut-être vrai, mais est-il nécessaire de l'exprimer ainsi, au risque de porter atteinte à l'estime – si vulnérable – qu'une toute jeune fille a d'elle-même ?)
Les hommes ont souvent tendance à oublier qu'ils sont grands, qu'ils parlent fort et qu'ils mènent la danse sur le plan émotionnel, ou à ne pas en tenir compte. Les filles aimeraient que leur père les traite avec amour, respect et gentillesse ; elles souhaitent qu'il soit admiratif et encourageant. Chaque blessure infligée par un père laisse des marques indélébiles.
Le père authentique est clair et ferme sans être agressif. Il parle d'un ton chaleureux, même lorsqu'il fixe fermement des limites. Il prend le temps nécessaire et il écoute ce que sa fille a à lui dire.
Bien évidemment, être un bon père est loin d'être facile et il faut une vie entière pour essayer de s'en approcher. Toutefois, chaque petit pas en avant vaut la peine. Imaginez ce qui vous attend si vous relevez ce défi : votre fille vous respectera, elle vous aimera, elle s'attachera à mériter votre respect et elle n'aura jamais aucune raison d'avoir peur de vous.

Le père absent

Le père de Cora lui a toujours manqué, toute sa vie. Ce soldat américain était basé en Allemagne et il ne voyait jamais sa fille. Elle a eu un père imaginaire. Bien évidemment, un enfant peut être heureux sans son père, mais il lui manquera toujours quelque chose. Cora explique : « Ma biographie comporte une lacune permanente. »

Les enfants adoptés, qui se mettent en quête de leur mère ou de leur père biologique à l'âge adulte, expriment eux aussi ce type de sentiments. De nos jours, on pense de plus en plus volontiers que les enfants adoptés ont le droit de connaître leurs parents biologiques. Quelles que soient les situations individuelles, le fait de ne pas connaître sa mère ou son père biologique se révèle extrêmement douloureux et peut nuire à la constitution de l'identité qui repose sur la confiance en soi.

Quel que soit leur destin, les enfants tirent généralement le meilleur de leurs talents et du contexte dans lequel ils sont nés. Lorsqu'une petite fille est élevée sans son père, il est important que d'autres modèles masculins soient présents dans sa vie : un grand-père, un voisin, un professeur, un entraîneur sportif...

Ces relations ne peuvent être imposées à l'enfant. Parfois, elles se nouent de manière spontanée. L'enfant pourra aussi trouver un modèle dans le père d'une amie, très impliqué dans l'éducation de sa fille, un éducateur de centre aéré ou un bon professeur à l'école.

Un nouvel homme dans sa vie

Si vous, la mère, êtes séparée du père de votre fille et si vous rencontrez quelqu'un avec lequel vous avez une relation stable, vous aurez peut-être la chance de constater que votre fille s'attache rapidement à lui. À condition qu'il soit d'accord, il pourra assumer un rôle paternel. Toutefois, il est essentiel que vous ne fassiez jamais comme si cet homme *était* le père de votre fille.

Au mieux, il deviendra son ami et il assumera certaines responsabilités parentales. Si ce cas de figure se présente alors que votre fille est encore très jeune, le « beau-père » pourra alors adopter un rôle paternel ; cela sera en revanche moins facile s'il partage votre vie alors que votre fille a treize ans. Il pourra d'autant plus assumer ce rôle si elle n'a pas de contacts réguliers avec son père biologique. Bien évidemment, de nouvelles règles de cohabitation devront être définies ensemble, par *toutes* les personnes concernées. Il est important de trouver des consensus acceptables pour tous. Vous vous inquiétez peut-être de la réaction de votre fille face à votre nouveau conjoint ; souvenez-vous simplement que l'on ne peut décréter l'amitié et l'amour. Toutefois, vous pouvez exiger que votre conjoint et votre fille se respectent – et en tant qu'adulte vous devez toujours montrer l'exemple.

Récemment, une mère désespérée m'a écrit pour me dire que sa fille de douze ans était têtue et égoïste et qu'elle manquait totalement d'empathie. L'adolescente affecte d'ignorer le nouveau conjoint de sa mère. Mais qu'attend-on de cette fille ? Qu'elle soit heureuse que sa mère soit à nouveau amoureuse ? Qu'elle fasse preuve d'empathie à l'égard d'un homme qui n'est pas son père ? Si elle y parvient, tant mieux, mais on ne peut l'exiger. N'essayez pas de précipiter ces choses ni de les imposer par la force.

La plupart des enfants ont des difficultés à accepter le nouveau conjoint du père ou de la mère. Mais comme ils veulent protéger leur parent, ils ne le montrent pas toujours. Pour aider votre enfant à gérer ce type de situation nouvelle, gardez à l'esprit les points suivants :

- Même après une séparation ou un divorce, les parents d'un enfant restent ses parents, qu'ils s'entendent bien ou non.

- Chaque enfant a le droit d'aimer son père et sa mère, et de profiter des enseignements de ses deux parents. Si l'enfant est encore très jeune, les parents devront décider où il vivra et devront prendre des dispositions pour qu'il voie le parent qui n'a pas sa garde (si ce parent existe). Le critère essentiel prévalant à ces décisions devra toujours être l'intérêt de l'enfant.

- Les différends qui opposent les parents n'ont généralement rien à voir avec les enfants. Un enfant ne doit jamais servir d'espion, ni de conjoint de substitution. Si vous-même, le père ou la mère de l'enfant, avez le sentiment que vous avez été traité(e) injustement au sein du couple ou que votre enfant n'a pas entendu les deux versions des faits, écrivez la vôtre dans une lettre, que vous remettrez à vos enfants lorsque vous les jugerez en âge de comprendre.

Quand une fille perd sa mère

Lorsqu'une mère quitte la famille après une séparation ou un divorce, ou lorsqu'elle meurt, les enfants vivent une situation extrêmement difficile. Alors que le petit garçon perd son premier grand amour, la petite fille perd, de surcroît, la personne à laquelle elle s'identifie le plus.

« Que dois-je faire ? » me demandent des pères désespérés. Je leur réponds simplement : « Faites votre deuil. » La perte d'un conjoint est toujours un événement douloureux. Si en plus vous n'avez pas le droit d'être triste, cette perte devient insupportable. Le fait que certains hommes ont du mal à exprimer des sentiments de chagrin et de peur peut troubler les enfants, et surtout les petites filles. Si vous avez subi une telle perte, parlez de vos sentiments à votre fille mais montrez-lui que vous n'êtes pas perdu et que vous savez les gérer.

Si vous faites partie d'un groupe d'entraide, où vous pouvez parler de la perte que vous avez subie, vous constaterez peut-être que participer à ces réunions vous fait du bien non seulement à vous, mais aussi à votre fille. Pensez aux albums illustrés et aux livres pour enfants qui traitent de la séparation et de la mort. Lisez-les ensemble. Pleurez ensemble. Allez régulièrement sur sa tombe avec votre fille. Je pense que le fait de ne pas emmener les enfants aux enterrements est une grave erreur car c'est le moment où chacun fait ses adieux au défunt. Bien sûr, il y aura des larmes, mais pourquoi les enfants ne devraient-ils pas voir des adultes pleurer ? De plus, les cérémonies religieuses permettent d'apaiser certains enfants car on leur dit que si le corps redevient poussière, l'âme est vivante au ciel.

Dans beaucoup de cultures, la période de deuil dure un an. Si, quelque temps plus tard, vous retombez amoureux, je vous souhaite bonne chance. J'espère que votre ou vos enfants apprécieront eux aussi votre nouvelle partenaire.

Accrochez une photo de la mère de votre fille chez vous, même si vous êtes en colère contre elle (dans le cas d'un divorce).

Si vous avez divorcé, souvenez-vous que votre fille est aussi sa fille à elle, et qu'il est important qu'elle puisse continuer à avoir une haute opinion de sa mère. Ne lui dites jamais du mal de sa mère. Si vous parlez d'elle, concentrez-vous sur les bons souvenirs et les expériences positives. En tant que *parents*, vous serez toujours liés, même si vos chemins de *conjoints* se séparent.

Frères et sœurs

Il y a une expression ancienne qui dit : « Les frères et les sœurs sont à la vie ce que le sel est à la soupe ; ils donnent de la saveur. » Frères et sœurs se façonnent mutuellement, tout au long de leur existence et indépendamment de l'influence de leurs parents. Si ce constat reste une vérité intemporelle de la famille, cette influence évolue peut-être, à mesure que les familles deviennent de moins en moins nombreuses. Les familles de trois ou quatre enfants, courantes dans les générations précédentes, ont été remplacées par des familles de deux enfants en moyenne. Aujourd'hui, la plupart des jeunes enfants n'ont qu'un seul frère ou une seule sœur avec lequel (laquelle) ils partagent toutes les joies et les peines de l'enfance. Et beaucoup d'enfants n'ont ni frère ni sœur.

L' ENFANT UNIQUE
Aujourd'hui, de nombreuses études démontrent que les enfants uniques n'ont pas les travers qu'on leur attribuait autrefois. Ils ne sont pas nécessairement gâtés, précoces ou inadaptés à la vie en collectivité. Cela s'explique ▶

> en partie par le fait que les enfants ont beaucoup plus d'occasions de se retrouver en groupe et de côtoyer d'autres enfants et leurs familles. Un enfant n'a pas besoin d'avoir des frères et des sœurs pour s'adapter à la vie en collectivité [39].

Le rang de naissance

Imaginons que votre premier enfant soit une fille. Si vous avez un deuxième enfant, sa vie changera irrévocablement. Si le bébé est encore une fille, il risque d'y avoir une rivalité entre les deux sœurs, notamment si moins de trois années les séparent. Les enfants du même sexe ont le sentiment qu'ils doivent se distinguer de l'autre aux yeux des parents, et la plupart d'entre eux se glissent automatiquement dans des rôles différents.

Si le premier enfant est « sensible », le cadet aura du mal à développer cette qualité dans les mêmes proportions. Il deviendra plutôt « le mignon », « le passionné de lecture », « l'effronté » ou « le sportif ». Ces attributions de rôles sont très fréquentes, et aucun individu ne parvient à s'y soustraire entièrement. Toutefois, si vous prenez conscience que vous avez attribué un rôle spécifique à votre fille aînée, vous pourrez veiller à ne pas le renforcer et à être attentif à la manière dont vous réagissez au rôle ou aux rôles qu'adopte votre deuxième enfant.

Les aînés sont toujours « les grands », ceux dont on attend un comportement plus raisonnable, et il leur est impossible d'échapper à ce rôle. L'aînée joue souvent le rôle de la baby-sitter ou de « l'assistante de maman ». « On a constaté que les jeunes frères et surtout les jeunes sœurs se tournent plus volontiers vers l'aîné pour obtenir de l'aide, du réconfort ou de l'attention lorsque l'aîné est une fille. En règle générale, les grandes sœurs sont plus bienveillantes et elles s'occupent plus des jeunes frères et sœurs que les grands frères [40]. » Cette situation peut, pendant un temps, satisfaire votre fille aînée, voire la remplir de fierté. Toutefois, à long terme, ce rôle est lourd à assumer car il implique des responsabilités qui reviennent à juste titre aux parents. Même s'ils sont raisonnables, les aînés n'en restent pas moins des enfants, qui aiment être chouchoutés à l'occasion !

LE RANG DE NAISSANCE ET SES CARACTÉRISTIQUES

On s'accorde à penser que le rang de naissance d'un individu a une influence sur sa personnalité, même si les caractéristiques indiquées ci-dessous ne doivent pas être considérées comme des vérités absolues.

Les aînés ont tendance à être responsables, critiques, sérieux et indépendants, à s'occuper des autres, à diriger, à vouloir tout contrôler, à réussir et à vouloir imposer leur volonté aux autres.

Les enfants du milieu ont parfois du mal à définir leur identité, ils réussissent moins bien, ils ont tendance à suivre, ils ont l'esprit de compétition, ils sont calmes, timides et bons négociateurs. Ils manquent de confiance en eux et ils peuvent également éprouver un sentiment d'injustice.

Les plus jeunes sont joueurs, peu responsables, in- ▶

disciplinés, dépendants, aventureux, chaleureux et créatifs. Ils ont parfois le sentiment d'être médiocres.

Les enfants uniques sont autonomes, indépendants, solitaires, égoïstes, intolérants et sérieux. Ils réussissent bien. On dit que lorsque des frères et sœurs ont un écart de sept ans, les influences de l'environnement sont comparables à celle d'un enfant unique pour chacun des deux enfants.

Il convient de considérer les traits de caractère liés au rang de naissance de manière générale, sans les prendre trop à la lettre. Toutefois, on retrouve des similitudes chez des adultes et des enfants ayant le même rang de naissance. Ces caractéristiques, que nous conservons généralement toute notre existence, nous aident à comprendre certains de nos traits de caractère fondamentaux[41].

LE FILS À MAMAN ET LA FILLE À PAPA

Dans beaucoup de familles de deux enfants, qui comptent un garçon et une fille, il y a la « fille à papa » et le « fils à maman ». S'il est impossible d'échapper complètement à certains rôles, dynamiques ou affinités, les parents peuvent toutefois veiller à ce que ces étiquettes et ces divisions ne deviennent ni trop marquées ni trop figées. L'une des clés essentielles de la cohabitation au sein d'une famille est, comme nous l'avons vu précédemment, de ne pas franchir la barrière des générations, c'est-à-dire que les parents restent toujours les parents, et que les enfants restent les enfants. Il est mauvais, par exemple, que la mère et le fils s'allient contre le père et la fille (ou *vice versa*). Les parents doivent se soutenir mutuellement dans leur rôle de père et de mère, et présenter, si possible, ▶

> un front uni face aux enfants. Des alliances transgénérationnelles empêchent cette cohérence des parents et entraînent le risque de voir l'un des parents discréditer l'autre par allégeance à l'égard d'un enfant. Et de l'allégeance à la préférence, il n'y a qu'un pas, ce qui est la garantie de problèmes. Si des divisions de ce type se dessinent au sein de votre famille, faites un effort conscient pour briser ce schéma, en entreprenant une activité seul à seul avec l'enfant qui n'est pas « dans votre camp » ou bien restez plus longtemps auprès de lui, le soir, et discutez. Cet enfant, lui aussi, a besoin de vous.

Filles et garçons : les différentes configurations

Les parents qui ont deux filles constateront sans doute avec plaisir qu'elles jouent souvent ensemble, dans la bonne humeur, et que le bruit et les disputes sont rares. De manière générale, un garçon et une fille s'amuseront moins bien ensemble.

Si vous permettez à chaque enfant de déployer sa propre personnalité et si vous acceptez chacun tel qu'il est, les disputes entre frères et sœurs resteront limitées. Lisez donc *Madita* d'Astrid Lindgren : vous y découvrirez un excellent modèle à suivre concernant la gestion des disputes.

Une famille de filles

Si la famille compte trois filles ou plus, sans un seul garçon, il est probable que l'une des filles assumera le rôle du garçon. Cet enfant développera un certain nombre de caractéristiques masculines, s'efforçant inconsciemment de remplacer le fils manquant. Si vous êtes déçu de ne pas avoir eu de garçon, mieux vaut en parler avec vos enfants lorsqu'ils auront l'âge adéquat, plutôt que de ne pas aborder ce sujet tout en continuant à vous plaindre de ce « manque ». Dites par exemple : « Oui, nous aurions aimé aussi avoir un garçon. Mais nous avons eu des filles, en bonne santé, et nous sommes ravis. Aucune de vous n'a à jouer le garçon. Restez comme vous êtes, vous êtes formidables. »

Les enfants perçoivent avec justesse les sentiments de leurs parents, et essaient souvent de s'y conformer, même si les parents ne le voient pas toujours.

D'abord une fille, puis un garçon

Si votre deuxième enfant est un garçon, votre fille pourra observer les hommes et se familiariser avec eux dès son enfance, ce qui lui permettra certainement de mieux comprendre l'univers masculin. Le comportement que vous adopterez avec ce garçon aura une influence sur votre fille. Par exemple, si vous lui préférez son frère de manière ostentatoire ou si ce garçon est le chouchou de tous (il y a des enfants comme ça), votre fille aura du mal à assumer sa féminité. En revanche, si vous traitez bien vos deux enfants, avec amour et respect, votre vie de famille sera harmonieuse. Il y aura des conflits, évidemment, mais ils pourront être résolus parce que chacun est à sa place et se sent respecté.

D'abord un garçon, puis une fille

À l'inverse, si vous avez d'abord un fils et ensuite une fille, celle-ci profitera des avantages et des inconvénients d'avoir un grand frère. Là aussi, cette dynamique familiale peut se révéler harmonieuse, à condition toutefois que la position du garçon dans la famille soit clairement reconnue et qu'il n'ait pas à se battre pour l'amour de ses parents.

La jalousie est un sentiment compréhensible et justifié. Mieux vaut ne pas le réprimer : au contraire, parlez-en ouvertement. Par exemple, si votre fils est autorisé à éprouver de la jalousie et si vous le réconfortez, il n'aura pas besoin d'aller embêter sa petite sœur en cachette. Dites-lui par exemple : « Je sais que ça n'est pas facile pour toi. Avant, j'avais beaucoup de temps à te consacrer, et maintenant, je dois aussi m'occuper de ta petite sœur. Je comprends qu'il t'arrive d'être jaloux. C'est normal. Mais tu sais, tu occupes une place à part dans mon cœur. Tu es le seul à avoir d'aussi beaux yeux marron, et tu es le seul à savoir courir aussi vite. Tu es très différent de ta sœur, et je vous aime très fort chacun à votre manière, tout comme toi, tu aimes papa et maman. »

Si vous consacrez de l'attention à chacun de vos enfants et si vous les traitez avec respect, ils apprendront beaucoup au contact les uns des autres, et profiteront de leurs relations au sein de la fratrie tout au long de leur existence.

Si vous avez plusieurs fils et si une petite fille arrive dans la famille, celle-ci occupera toujours une place particulière. Cela ne signifie pas que vous devez la favoriser ou la traiter mieux que ses frères. Pour découvrir une approche intéressante de cette configuration familiale, lisez le conte des frères Grimm, *Les Douze Frères*. L'inverse est également vrai : si vous avez plusieurs filles, le petit garçon qui naîtra occupera une place à part.

Pour les parents, il est important de savoir qu'il est impossible de tout maîtriser. La chance et la malchance interviennent, ainsi que de nombreuses contingences extérieures. C'est pourquoi je ne puis trouver de réponse quand des parents viennent me poser des questions du genre :

- Quand devons-nous planifier notre deuxième enfant ?
- Avoir un frère handicapé nuira-t-il à notre fille ?
- Nous avons trois filles et j'aimerais tant avoir un fils. Comment gérer cette situation ?

Au lieu de vous arracher les cheveux avec ces questions, dites-vous que chaque problème recèle des aspects positifs ou des enseignements : à vous de les découvrir. Les choses sont ce qu'elles sont. En revanche, ce que vous en faites dépend entièrement de vous.

EN BREF
- Les relations mère-fille sont parfois difficiles, mais elles peuvent être améliorées si la mère décide d'entreprendre un travail sur son histoire personnelle.
- Parlez à votre fille de ses ascendants, surtout des femmes ; cela peut lui donner beaucoup de force.
- Le père d'une petite fille est généralement le premier homme de sa vie, et il est l'aune à laquelle elle mesurera tous les autres hommes. Ne sous-estimez pas cette relation essentielle.
- La fratrie et le rang de naissance jouent un rôle déterminant dans le développement d'une fille.

Les relations au sein de la famille / 223

Suivre mes traces – ou pas !

« Ma plus jeune fille, Katie, ressemble à s'y méprendre à l'enfant que j'étais, ce qui m'incite souvent à penser, à tort, qu'elle est comme moi. Quant à ma fille aînée, Allie, elle ressemble beaucoup à son père, et il m'arrive de commettre l'erreur de croire qu'elle possède les traits de caractère de son père ou des membres de sa famille paternelle. Mais c'est faux : mes deux filles sont des petites femmes à part entière, qui construisent leur propre vie, et elles me le rappellent tous les jours.

Lorsque j'étais jeune et célibataire, je suis partie en Asie. À Bali, j'ai étudié le gamelan, musique de percussions jouée en groupe. De retour à la maison, j'ai trouvé un groupe de gamelan non loin de chez moi et nous avons joué, répété et donné des représentations ensemble, pendant plus d'un an. J'en garde des souvenirs absolument extraordinaires.

Imaginez mon bonheur lorsque quelques années plus tard, j'ai découvert pour Allie une école qui non seulement possédait une pédagogie progressive et proposait un grand nombre d'activités créatives, mais qui comptait aussi dans sa cave un véritable ensemble d'instruments de gamelan, sculptés à la main à Bali ! Je mourais d'impatience qu'Allie s'intègre au groupe et je saisissais toutes les occasions qui m'étaient proposées de jouer pour ma fille et ses camarades. Le hic, c'est que le gamelan ne l'intéressait pas. Ce qui lui plaisait, c'était les costumes brillants des danseurs. Elle disait que les percussions lui cassaient les oreilles.

Katie, ma fille cadette que j'ai tendance à voir comme une version miniature de moi-même, m'a elle aussi donné de belles leçons. Elle a des velléités d'indépendance et rejette mes suggestions concernant ses vêtements, ses chaussures et la musique. Elle balaye avec une joyeuse indifférence et même une certaine froideur mon expérience de la vie. J'ai passé plus de cinquante ans à cultiver mes goûts, dans les domaines les plus divers, et voilà que mes filles tournent le dos à tout cela, pour faire leurs propres choix – que je trouve parfois atroces. Je suis à la fois consternée et encouragée. Enfin.... J'imagine que tant que mes filles m'accordent, de temps en temps, un sourire rayonnant de conspiratrice, je peux m'estimer heureuse. D'ailleurs, mieux vaut le prendre ainsi, parce qu'elles ne changeront pas. »

Mindy

Les parents ont parfois besoin d'un petit coup de main

« Il n'y a pas très longtemps, ma femme et moi étions préoccupés par les disputes fréquentes qui opposaient nos deux filles, Jenny (onze ans) et Lisa (huit ans). Jenny est quelqu'un d'attentionné, mais comme tous les aînés il lui arrive de critiquer les aptitudes de sa sœur cadette, Lisa. Or, sensible et passionnée, cette dernière prend ces remarques très à cœur. En réalité, elle est très douée, mais elle fixe la barre très haut et est très exigeante avec elle-même.

Nous avons décidé d'aller consulter un thérapeute familial. Celui-ci nous a expliqué que nos craintes n'étaient pas fondées et que notre problème était relativement anodin, ce qui nous a rassurés. Maintenant, nous faisons régulièrement des réunions familiales, pendant lesquelles nous exposons nos griefs et nous parlons de la manière dont évoluent les disputes et des choses en général. Même si ces disputes entre sœurs n'ont pas entraîné de crise grave, le regard extérieur et éclairé du thérapeute nous a apporté une aide précieuse et a été une source d'apaisement pour notre famille. »

Mike

Conclusion

Aujourd'hui, ma fille est presque adulte. Lorsque je repense au jour de sa naissance et à son parcours dans la vie, je suis submergée par un sentiment d'étonnement empreint de respect. Quand je considère notre vie commune, je redécouvre le caractère unique avec lequel elle est venue au monde et qu'elle continue à cultiver aujourd'hui.

Durant les premières années de son existence, nous avons été très proches. Pendant sa première année, je n'ai pas travaillé et j'ai vraiment adoré être mère à plein-temps. Cette parenthèse dans ma vie professionnelle a été possible grâce à l'une de mes amies, qui m'a aidée financièrement. Je lui en serai éternellement reconnaissante.

Ensuite, ma fille est allée à la crèche, avec un petit groupe d'enfants. Elle aimait s'y rendre et durant cette période nous sommes restées très proches. Je continuais à l'allaiter, surtout la nuit.

Jusqu'à son entrée à l'école primaire, ma fille ne faisait pas ses nuits et avait besoin d'une présence à ses côtés pour s'endormir. Elle s'entendait bien avec sa grand-mère, qui a pu lui apporter ce dont elle avait besoin ; ce qui m'a permis de reprendre le travail. À cette époque, plusieurs de mes voisins ont décrété que cette

« enfant gâtée » ne deviendrait jamais indépendante. Pensez donc : téter encore sa mère à trois ans ! Pourtant, j'aurais été incapable d'agir autrement : il fallait que je fasse ce que mes sentiments me dictaient.

À trois ans, ma fille est entrée à la maternelle. Elle en garde beaucoup de jolis souvenirs ainsi qu'un coussin en soie aux couleurs vives et un album photo qui tombe aujourd'hui en lambeaux, son cadeau de départ. C'est aussi là qu'elle s'est fait ses premiers amis.

Je me dispute avec ma fille depuis qu'elle a fait ses premiers pas. Je la revois encore s'avancer vers moi, les poings serrés, lorsqu'elle a constaté que le glacier chez qui nous voulions aller était fermé ! Toutefois, nous avons toujours su, toutes les deux, que nous ne pouvions pas vraiment être fâchées. Malgré les différences qui nous opposent, le lien qui nous unit est trop profond, tout simplement.

Lorsque ma fille avait quatre ans, nous sommes parties vivre à la campagne. La vie y était très différente de celle que nous menions auparavant et beaucoup plus agréable, en particulier pour ma fille. La proximité des animaux et de la nature l'enchantait. Tout d'abord, elle a refusé d'aller à la maternelle locale, je dois dire que je me suis rangée à son avis après l'y avoir accompagnée. Elle est donc restée à la maison, avec moi : elle s'occupait et jouait seule pendant que je travaillais. Quand une nouvelle directrice est arrivée dans l'école et y a remis de l'ordre, ma fille y est allée avec bonheur.

Lorsqu'elle était enfant, ma fille était extrêmement désordonnée. Sa chambre était un épouvantable chantier ! Mais depuis plusieurs années, elle a une très jolie chambre, qu'elle a décorée elle-même, et qui est toujours bien rangée. Elle range même les armoires et les trousses de maquillage de ses amies ! Elle fait le ménage à la maison, pour gagner plus d'argent de poche. Je précise que mes fils le font aussi.

À l'âge de six ans, ma fille a peint son vélo, toute seule ! Jusqu'à son dixième anniversaire, je venais souvent m'asseoir au bord de son lit pour lui chanter des berceuses, parce qu'elle adorait cela.

Je crois que le sentiment de sécurité qu'elle a tiré de ma présence et de mon attention constantes lui a donné beaucoup de confiance en elle en grandissant. Au cours des années qui ont suivi, mon rôle de mère a été essentiellement un rôle de soutien. Ma fille a exprimé de manière symbolique sa confiance en elle, en devenant une excellente cavalière.

Aujourd'hui, elle a presque dix-sept ans. Elle est d'une nature très indépendante et veut voyager dans le monde. Ma première réaction a été la consternation : aucun de ses frères n'avait pris son indépendance aussi tôt et personne ne m'avait prévenu que ce serait le cas pour elle. Mais ainsi va la vie. Et je la laisserai partir !

NOTES DE L'AUTEUR

1. L.M. Bartoshuk et G.K. Beauchamp, « Chemical senses », *Annual Review of Psychology* (1994), 45, p. 419-449.

2. Correspondance privée avec l'auteur.

3. **Les naissances prématurées, les risques de troubles mentaux et d'infections, et la probabilité d'accidents sont nettement plus réduits chez les filles.** Gilbert, 2001, p. 32

4. Cité dans Pease, 2005.

5. *Ibid.*

6. *Ibid.*

7. *Ibid.*

8. Cité dans Gilbert, 2001, p. 38-43.

9. *Ibid.*, p. 47.

10. Cité sur :
http://www.homepage.psy.utexas.edu/homepage/faculty/Langlois/Chap12.doc

11. Cité sur :
http://www.homepage.psy.utexas.edu/homepage/faculty/Langlois/Chap12.doc

12. Angier, 2000.

13. Biddulph, 1998.

14. Cité dans Marone, 1987, p. 177.

15. Kagan, 1994, p. 54.

16. Kässmann, 2001, p. 137.

17. Cité dans Marone, 1998, p. 38.

18. Stolle, 2002, p. 146.

19. Stolle, 2002, p. 66.

20. Tannen, 1993.

21. Marone, 2002, p. 158.

22. *Ibid.*, p. 159.

23. *Ibid.*, p. 163.

24. Gilbert, 2001, p. 184.

25. *Ibid.*, p. 189.

26. Cité sur :
http://www.cccd.edu/jcordova/IOWMENews15_2.htm

27. Kast, 2002, p. 169.

28. Paul B. Kalpowitz *et al.*, « Early onset of puberty in girl », *Pediatrics*, août 2001. Trouvé sur :
http://articles.findarticles.com/p/articles/mi_m0950/is_2_108/ai_77480739

29. Stolle, 2002, p. 144.

30. *Ibid.*, p. 145.

31. L'étude du Dr Quinlivan a été mentionnée par Amanda Dunn dans le *Sydney Morning Herald*, 21 juin

2004. Le texte intégral de l'étude a été publié dans l'*Australian and New Zealand Journal of Psychiatry*, juin 2004.

32. Stolle, 2002, p. 130 et suiv.

33. Kässmann, 2001, p. 154.

34. Cité dans Stolle, 2002, p. 78.

35. DSM-IV (Diagnostic and Statistical Manual of Mental Disorders – 4e édition, publié par l'American Psychiatric Association, Washington DC, 1994, qui est la principale référence des professionnels de santé mentale en matière de diagnostic aux États-Unis. Extrait de *Surviving Year 12*, Michael Carr-Gregg, Finch Publishing, Sydney, 2004.

36. Marone, 1987, p. 180.

37. Krüll, 2002, p. 22.

38. Les deux premiers types sont extraits de Marone, 1987, p. 35.

39. Cité sur www.Familienhandbuch.de

40. *Deutscher Familienverband,* 1999, p. 247.

41. Extrait de *Stepfamily Life*, Margaret Newman, Finch Publishing, Sydney, 2004, p. 93.

BIBLIOGRAPHIE

ANGIER (Natalie), *Femme*, Paris, Robert Laffont, 2000.

BEN JELLOUN (Tahar), *Le Racisme expliqué à ma fille*, Paris, Le Seuil, 1998.

BIDDULPH (Steve), *Élever un garçon*, Paris, Marabout, 2001.

BIDDULPH (Steve), *Le Secret des enfants heureux*, Paris, Marabout, 2002.

BOND (Geoff), *Natürlich fit und gesund. Essen was der Körper wirklich braucht*, Munich, Beustverlag, 2001.

BRETT (Doris), *Annie Stories : Helping Young Children Meet the Challenges of Growing Up*, Sydney, Hale & Iremonger, 1997.

Deutscher Familienverband, *Handbuch Elternbildung*, Opladen, Leske + Budrich, 1999.

FOCKS (Petra), *Starke Mädchen, starke Junge*, Freiburg Herder, 2001.

GILBERT (Susan), *Typisch Mädchen ! Typisch Junge !*, Düsseldorf, Walter, 2001.

GRABRÜCKER (Marianne), *Typisch Mädchen...* Francfort, Fischer Taschenverlag, 2000.

GRIEBEL (Wilfried) et RÖHRBEIN (Ansgar), « Was bedeutet es, Vater zu sein bzw. zu werden ? », in *Handbuch Elternbildung*, p. 315.

GRIMM (Hans Ulrich) et SABERSKY (Annette), *Mund auf, Augen auf*, Munich, Droemer, 2002.

GROSSMANN (K.E. et K.), « Being a child on a South Sea Island – child-like bondinf from a cultural view », in Gottschalk-Batschkus, Ch.E. et Schuler J., *Ethnomedizinische Perspektiven zur frühen Kindheit*, Berlin, Verlag für Wissenschaft und Bildung, 1996, p. 283.

HILLIS (Anne et Al), *Lecker, lecker, lecker* et *Von der Muttermilch zum Kindermenü*, Munich, Beustverlag, 2000.

KABAT-ZINN (Myla et Jon), *Mit Kindern wachsen. Die heilende Kraft der Achtsamkeit*, Freiamt, Arbor, 1997.

KAGAN (Jerome), *The Nature of the Child*, New York, Basic Books, 1994.

KAHL (Reinhard), *Lob des Fehlers*, Hamburg, Pädagogik-Verlag o. J., Vidéo, série 1-4.

KÄSSMANN (Margot), *Erziehen als Herausforderung*, Freiburg, Herder, 2001.

KAST (Verena), *Vater-Töchter, Mutter-Söhne*, Stuttgart, Kreuz, 2002.

KRÜLL (Marianne), « Mothers and daughters », *Psychology Today*, juillet 2002, p. 20.

LINDGREN (Astrid), *Fairytales* (édition complète), Oxford UO, 1978

LINDGREN (Astrid), *Madita* (édition complète), Oxford UO, 1992

MARONE (Nicky), *How to Father a Successful Daughter*, McGraw-Hill, 1987.

MARONE (Nicky), *Starke Mütter – selbstwusste Töchter*, Frankfurt, Fischer Taschenbuch Verlag, 2002.

MINKER (Margaret), *Der Mondring*, Munich, 1996.

OAKES-ASH (Rachel), *Brava Mädchen essen auf*, Munich, Beustverlag, 2001.

PAPOUSEK (Mechthild), « Wie können wir die Entwicklung unseres Kinder fördern ? », in *Handbuch Elternbildung*, p. 485.

PEASE (Allan et Barbara), *Pourquoi les hommes n'écoutent jamais rien et pourquoi les femmes ne savent pas lire les cartes*, Paris, First, 1999.

PEASE (Allan et Barbara), *Pourquoi les hommes mentent et les femmes pleurent*, Paris, First, 2005.

PREUSCHOFF (Gisela), *Kuschelbär und Miezekatze. Warum Kinder Tiere brauchen*, Munich, PapyRossa, 1995.

PREUSCHOFF (Gisela), *Kleine und grosse Ängste bei Kindern.* Munich, Kösel, 1998.

PREUSCHOFF (Gisela), *Wenn aus Mädchen Frauen werden*, Freiburg, Herder, 2001.

RICHTER (Sigrun et Brügelmann), *Mädchen lernen anders lernen Jungen*, Constance, Libelle, 1994.

SCHNEIDER (Sylvia), *Lauter starke Mädchen*, Reinbeck, Rowohlt, 2002.

SHER (Barbara), *Qui veut peut*, Paris, Éditions du jour, 1992.

STOLLE (Dörte), *Entwicklungskrisen von Mädchen*, Salzhausen, Iskopress, 2002.

TANNEN (Deborah), *Décidément, tu ne me comprends pas ! Comment surmonter les malentendus entre hommes et femmes*, Paris, Robert Laffont, 1993.

INDEX

Activités en groupes non-mixtes 12
Adolescence
   crises les plus courantes 181-188
   importance de l' 160
Adoption 211
Agressions 105, 188
Aîné 216
Alcool 185
Alimentation
   à savoir 61-62
   bio 57
   du bébé 56
   équilibrée 57-59
   et pouvoir 59
   prendre de bonnes habitudes 56-62
   troubles 182
Ambition 150
Amour
   besoin d'être aimé des parents 46, 48, 198
   des pères 205, 207-210
   exprimer son inconditionnel 210
Amuser (s') ensemble 219
Ancêtres, souvenir des 199-200
Animaux de compagnie 110-111
Anorexie mentale 182-184
Appartenance, sentiment d' 161
Apprentissage
   capacités des filles 67-74
   difficultés d' 72, 145
   enthousiasme 118
   par l'expérience 104
   processus 70-71
   styles d' 143, 149
Aptitudes physiques 102

Attachement, théorie de l' 47
Autodéfense, apprentissage de l' 188
Avortement chez l'adolescente 165
Avortements spontanés 27

Barbie, poupée 128-130
Beauté
 dans l'histoire de l'Humanité 134-137
 image dans les médias 136-137, 158
 vision irréaliste 128-129
Beaux-pères 211-213
Belle au Bois dormant 134
Biddulph, Steve 84, 165-169, 175-179, 207-210
Bilinguisme 68
Blanche-Neige 133-134
Boulimie 182

Casse-cou 104
Cerveau, développement du 28-29, 67-68, 158
Chant 102-103
Chevaux (en jouets) 112
Chevaux, intérêt des filles pour les 111-115
Choix de carrière
 influence du sexe sur le 36-37, 149-150
Chromosomes 26-27
Classes non mixtes 12, 143
Clitoris 75-76
Colère, exprimer sa 92, 100-101, 123
Colères 74
Communication, compétences en 69, 169-171
Comparaisons 110
Compétences scientifiques 145-147
Compétences spatio-visuelles 151
Composition de la famille, filles ou garçons 219-221
Complexe positif du père/de la mère 48
Compliments 170
Comportement, influence sur le 37-38
Comportement à table 60-61
Comportement négatif 97-98, 171, 209-210
Confiance, faire preuve de 175-179
Confiance en soi physique 189

Conjoints, choix du 204
Conscience de soi
    des parents 34
    questionnaire pour les parents 19
Contes 133-135
Conversations importantes 173
Couches, enlever les 71-72
Courage 104-105
Crèches, entrée en 121
Critiques, taux encouragements 171, 178
Cubes 95
Cuisiner
    aide à la préparation des repas 59
    tâche féminine 63
Cycle menstruel 161-163

Dentiste, visite chez le 101
Dépression 186-188
Dernier enfant de la famille 218
Désir sexuel, développement du 28
Détachement, manque de 205
Développement du langage 67-69
Développement osseux 30
Différences entre les sexes
    à la naissance 29-30
    aptitude à tirer les leçons de ses erreurs 73
    compétences en maths et en sciences 145-147
    comportement social 125-126
    contrôle du comportement 74
    de développement 28-32
    entre les garçons et les filles 15
    faculté d'apprentissage 143
    peur 99
    vision du succès et de l'échec 108
Différentiation sexuelle 25-28
Dire non
    filles 92, 207
    parents 50-52
Disputes 178
Divorces 211-215
Drogue 185-186

Échecs
    prévoir les 109-110
    tirer les leçons de ses 73, 96, 109
École Helene Lange 145

Écoles
  animaux domestiques à l' 111
  entrée à l' 121
Égaux mais non identiques 12
Embryon, développement de l' 26-28
Encouragements 95, 96
Enfant du milieu 217
Enfant préféré 218-219
Enfant unique 215-216
Enterrements 214
Erreurs, tirer les leçons de ses 73
Estime de soi
  comportements néfastes 97
  du père 94-95
  importance de l' 91-99
Excitation sexuelle pendant le jeu 77

Famille de filles 219-220
Fêtes 175-178
Filles à son papa 218-219
Filles
  attitudes avec un bébé fille 31-33
  différences à la naissance 29-30
  images des parents 26
  voir aussi Différences
Féminité
  conception de la mère 35
  conditionnement social 159
  définition culturelle de la 15-16
Femme, imaginer être une 125
Femmes
  opportunités pour les 36-37
  rôle dans l'Histoire 199-200
Fermeté du père 207-210
Fœtus, développement du 26-28
Frères et sœurs 215-222
  disputes 219-221
  influence des 215
  rangs de naissance et sexe 216-217

Garçon à sa maman 218
Garçons
  différences à la naissance 29-30
  rang de naissance 217
  voir aussi Différences
Généralisations 169-170
Gestagène 162
Grossesses d'adolescentes 165-169

Haine entre les mères et les filles 198-199
Hauser, Kaspar 69
Hémisphères du cerveau 28-29
Histoire familiale, transmettre l' 200-201
Honnêteté 54
Hormones sexuelles 27-28
Hypothalamus 28

Identité personnelle 158-159
Imagination créative 97-99
Impuissance acquise 107-110
  problèmes liés à l' 109
  rôle des parents 147
Indépendance 31
Influences sociales 8
Intelligence
  créative 97-99
  développement de l' 70-71
Interdits 51

Jalousie, fils aîné 221
Jeux de rôles 122-123
Jouer
  aptitude à 98
  style de jeu pratiqué par les pères 50, 97
Jouets pour filles 126-127

Karaoké 116-117

Lâcher du lest 171-172
Langage, développement du 67-69
Lectures favorites de l'enfant 131-132
Lèvres 75
Liberté 172
Lien
  création d'un 45-48
  maintenir le 169-171
Limites, fixer des 175-179, 192-193
Livres, importance des 130-133
Livres illustrés 131

Maîtrise des pulsions 74
Maternelles 121-122
Maternité, idéalisation de la 167
Maturation de l'ovule 162
Médias, représentation des femmes dans les 136-137
Meilleur ami 125
Mémorisation, facultés de 74
Menstruel, sang 163

Mentors 160
Mère
  « complexe positif de la mère » 48
  comme modèle 52-55
  « non naturelle » 198
  nouveau conjoint 211-213
  perte de la 213-214
  qui travaille 79-83
Modèles
  forts 39
  hommes 211-212
  parents 52-55
  poupées Barbie 128-130
Modes de garde 81-82
Mort de la mère 213-214
Mort-nés, enfants 27

Noyade, sauver l'enfant de la 190-191

Œstrogène, production d' 158
Organes sexuels
  curiosité 75
  développement 26-28
Ovulation 162

Parents
  attentes des 32-33
  comme modèles 55
  comportement des 32-33
  conscience de soi 19
  « forts » 39
  peur des 103-104
Pendant masculin 21
Père
  absent 183-184, 210-211
  autoritaire 206-207
  bon 207
  « complexe positif du père » 48
  comportements déplacés 77-78
  différents types de 206-210
  doux 207
  estime de soi de leur fille 94-95
  rôle dans la garde de l'enfant 79
  rôle du 49-50
  souvenirs du 94-95
  style de jeux 97
  substituts 211-212
Persévérance, encourager la 148
Peur
  des parents 103-104
  gérer la 99
  réduire la 102-103
  spécifique aux filles 105-106
Pipi au lit 72-73
Poney-clubs 114-115

Pot, apprentissage du 71-73
Pouvoir
　et alimentation 59
　dans la société 36
Première année, développement durant la 11
Première personne, s'exprimer à la 169
Projections des parents 18, 223-224
Protection (se protéger) 18
Puberté
　dialogue pendant la 169
　effets sur la scolarité 180
　hormones 158
　nature de la 158
　pressions subies durant la 159
Puzzles 97

« Qui a peur du grand méchant loup ? » (jeu) 91-92

Rang de naissance
　fille ou garçon 217-218
Rébellion 174, 185
Règles
　douloureuses 165
　premières 163
Relations mère-fille 197-204
Relations père-fille 204-211
Relations entre petites filles 125
Ressemblance avec les parents 223-224
Responsabilité
　apprentissage 177-180
　transfert de 173
Réunions de famille 224
Rêves, accomplir ses 153
Roi Lindwurm (conte) 134
Rôle du groupe 161

Schémas de comportement au sein de la famille 37-38
Séduction, petites filles 78
Sentiments
　accepter les 100-101
　exprimer tous les 91-92
　respecter les sentiments de sa fille 170
Sévérité 172, 174-179, 185-186
Sexe

capacités en maths et en sciences 145-147
connaître le sexe du bébé avant la naissance 33, 41
déterminer le 26-28
préférences des parents 18
réaction de l'entourage au sexe de l'enfant 15, 18
stéréotypes 122-123, 128-129
Société matérialiste 84-85
Sœurs, rôles différents 137, 217
Stéréotypes de sexe 122-124, 128-130
Sucre, consommation de 57-58
Suicide 137
Suivre sa propre voie 137, 138
Surprotéger l'enfant 93

Tâches ménagères, participation aux 175
Télévision 98
Thérapie familiale 182
Tolérance 55
Toucher 31, 47
Types de filles 36-37

Valeurs des parents 52-55
Vêtements 135-137
Violence, peur de la 105-106
Vocabulaire 67, 68
Voie à suivre 137, 138
Voix, reconnaissance des 17, 31

TABLE DES MATIÈRES

Préface de STEVE BIDDULPH 7
Introduction 15

Chapitre 1
Pourquoi les filles sont différentes 23
Chaque être est unique… 25
Le facteur biologique 26
Entre les deux oreilles 28
Les différences de développement
et leurs conséquences 31
Les attentes et le comportement des parents 32
Qui suis-je ? Une question cruciale 34
Votre conception de la féminité 35
Les différents types de filles 36
Pourquoi les filles sont-elles comme elles sont ? . 37
Mon point de vue personnel 38

Chapitre 2
Tisser un lien avec la petite fille
qui vient de naître 43
Première étape 45
Des liens authentiques, indispensables
au bon développement 46
Le « complexe positif de la mère/du père » 48

– Donnez à votre fille le sentiment
d'être portée par la vie 49
– L'importance du père 49
– Ne lui donnez pas tout ce qu'elle veut 50
Donnez l'exemple 52
– Soyez un bon modèle 55
Manger avec plaisir 56
– Limitez les sucreries 57
– Alimentation et pouvoir 59
– Votre fille peut vous aider à cuisiner 59
– Le comportement à table 60

Chapitre 3
Ses premières années **65**
L'acquisition du langage 67
Qu'est-ce que le sport, la musique
et la boue ont à voir avec l'intelligence ? 70
– L'acquisition progressive
des compétences physiques 70
De la couche au pot 71
Les petites filles apprennent plus tôt 73
La curiosité sexuelle 75
Pères et filles : qu'est-ce qui est acceptable ? 77
Souhaitez-vous reprendre le travail ? 79
– Les modes de garde 81
Le choix de rester à la maison 83
Des parents heureux ont toutes les chances
d'avoir des enfants heureux 84
– L'argent n'est pas la seule explication 84

Chapitre 4
Son univers émotionnel **89**
L'estime de soi, un facteur déterminant 91
– Les pères et l'estime de soi 94

– Encouragez votre fille, souvent,
et dès son plus jeune âge 95
Gérer les peurs 99
Affrontez vos peurs. Rien ne sert
de les réprimer. 100
– Accepter ses sentiments 100
– Comment diminuer les peurs 102
Les peurs des parents 103
– Les peurs des dangers spécifiques aux filles 105
Le problème de l'impuissance acquise 107
– « Je n'y arriverai jamais… » 108
Les filles et les animaux de compagnie :
un duo gagnant 110
– Les filles et les chevaux :
une relation privilégiée 111
Le cheval renforce la volonté de sa cavalière
et sa capacité à s'affirmer 113
– Apprendre à monter à cheval 114
– Avoir son propre cheval 115

Chapitre 5
Comment la société conditionne les filles **119**
Comment réagir aux stéréotypes
en fonction du sexe 122
Exprimer sa colère 123
Les petites filles et leur entourage 124
Et les poupées Barbie ? 128
– Balayez les clichés 129
De l'importance des livres 130
– Les contes 133
Les petites filles et leurs vêtements 135
– Les différents visages de la beauté 135
– La représentation des femmes dans les médias 136

Chapitre 6
L'école et l'enseignement 141
Tout n'est pas rose 143
Choisir une école 144
Les filles, les mathématiques et les sciences 145
Les filles semblent convaincues qu'elles sont
moins douées pour les maths que les garçons 147
– L'impuissance acquise et le rôle des parents 147
– Encourager la persévérance 148
– Différents styles d'apprentissage 149
Comment encourager votre fille 151

Chapitre 7
Devenir une jeune femme 155
Qu'est-ce que la puberté ? 158
– La quête de l'identité personnelle 158
Les pressions subies par les filles à la puberté 159
– Le rôle du groupe 161
– Le cycle féminin 161
– Premières règles 163
– Règles douloureuses : que faire ? 164
De l'importance de maintenir le lien 169
– Lâcher du lest 171
– Lui accorder une part de liberté 172
Garder le cap 180
Quelques crises courantes à l'adolescence 181
– Les troubles de l'alimentation 182
– Ne coupez pas le lien 184
– La drogue et l'alcool 185
– La dépression 186
L'autodéfense et ses avantages 188

Chapitre 8
Les relations au sein de la famille **195**
Mères et filles 197
Une leçon d'histoire familiale 199
– La puissance des ancêtres 200
Pères et filles 204
Le père absent 210
Un nouvel homme dans sa vie 211
Quand une fille perd sa mère 213
Frères et sœurs 215
Le rang de naissance 216
Filles et garçons : les différentes configurations .. 219
– Une famille de filles 219
– D'abord une fille, puis un garçon 220
– D'abord un garçon, puis une fille 220

Conclusion 227
Notes de l'auteur 231
Bibliographie 235
Index 239

IMPRIMÉ EN ESPAGNE PAR LIBERDÚPLEX (Barcelone)

pour le compte des
Nouvelles Éditions Marabout
D.L. n° 79202 - novembre 2006
ISBN : 978-2-501-05097-5
40.8952.0/01